# 多次元パラレル自分宇宙

望む自分になれるんだ！

88ishi
ドクタードルフィン
松久正

徳間書店

皆さんの願いや夢が実現できずに、
大した変化を
自分自身にもたらすことができないのは
潜在意識で、
自分は「ここにしか行けない」と
設定しているからです。

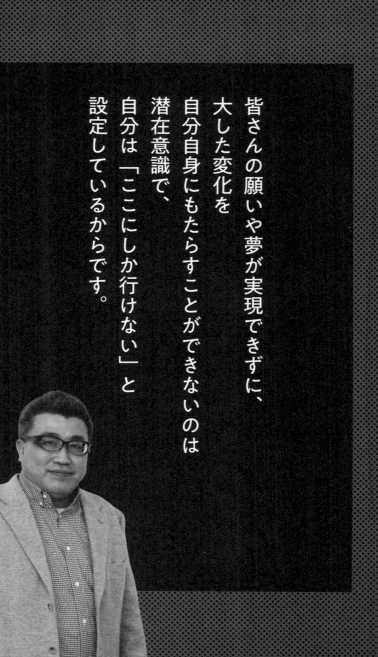

いままで、親、兄弟、学校、社会に、
一生懸命努力しないといけません、
頑張らなければ夢物語はありませんと
教えられてきたのは、
低い次元の地球社会を学ぶためには
必要なプロセスでした。
でも、そろそろ真実に目覚めるときです。

あなたが望む世界は目の前にあって、
そして自分の中にあって、
「いまここ」の時空間と同時に存在しています。
時間も距離も努力も必要ありません。
ただ、選ぶだけです。

パラレルの自分宇宙は、
松果体のエネルギーの中にあります。
松果体のシリコンホールであるポータルを開いて、
選択するシャボン玉宇宙に乗り移るだけです。

本当は、あなたは、
想像できないくらい変わることができます。
なりたい自分、成功している自分、望む世界、
魂の願いを１００％かなえた自分は
すでに存在しているので、
無限大の世界に飛べばいいだけなのです。

多次元パラレル自分宇宙の
ポータルを開くテクニック、
乗り移るテクニック、
そこに居続けるテクニックを身につければ、
あなたの人生や身体は、
「いまここ」の瞬間に、ゼロ秒で、
時間も空間も努力も必要なく、
自分でつくり出せるのです。
これは皆さんに知っていただきたい重要な真実です。

多次元パラレル自分宇宙　目次

## 第2章　多次元パラレル自分宇宙への移動／望む自分の選び方

## 第3章 多次元パラレル自分宇宙と振動数

## 第4章 多次元パラレル自分宇宙にワープするコツ

## 第5章 多次元パラレル自分宇宙と近未来の地球社会

## 第6章　多次元パラレル自分宇宙に移ったことがわかるヒント

装丁　三瓶可南子
編集　豊島裕三子
P1、4写真　中谷航太郎
カバー写真　©MARK GARLICK/SCIENCE PHOTO LIBRARY/amanaimages

まえがき

# 本当は、望む自分になれるんだ！

## 自分宇宙ということ

この本のタイトルに、私は非常に深い想いを込めました。

まず、「自分」という言葉がついています。「宇宙」という言葉はよく耳にしますが、皆さんには「ワンネス」という観念があるから、宇宙はみんなで同じものを共有していると考えています。

その考えにはいい部分もあるのですが、実は悪い部分のほうが大きいのです。

私たちが表現することや体験することのすべてが「みんなで共有している宇宙」の中で起こっていることなので、その他人をどうにかしないと、「自分の宇宙」はいい状態にならない、浄化されない、成長しないという考え方を持ってしまいます。自分以外の意識が自分の意識を非常に邪魔してしまう、絡んでしまうという点が大きい問題なのです。

私が特にこの本で訴えたいことは、**皆さん1人1人が生きる宇宙は「あなただけの宇宙」であって、あなた以外の生命は誰も存在せず、関与しないということです。**

この考えが、この本の根底にある最も大切なことです。

宇宙というのは、あなたの生命の固有らせん振動数、あなただけの振動のエネルギー、生命のエネルギーが存在する時空間のことです。

私は最近、魂のことをＢｅｉｎｇと言っています。

魂と言ってしまうと、あやしい、うさん臭いなどと最初から引いてしまう人がいることに気づいたのです。

Ｂｅｉｎｇとは存在そのものであり、それは魂のエネルギーのことです。**Ｂｅｉｎｇのエネルギーが発生する点がゼロポイント**で、ゼロポイントから魂がいろいろな体験をしながら気づいて、学んで、進化・成長するという過程を経ていきますが、いずれは「もともとのゼロポイントに戻りたい」というのがＢｅｉｎｇの本当の姿なのです。

そのエネルギーの集合体、**「いまここ」の自分、過去の自分、未来の自分、「いまここ」に関与する無限数にある自分、過去のある時点での無限数にある自分、未来のある時点での無限数にある自分、無限数にある自分をすべて包括したものを自分宇宙といいます。**

ですから、自分宇宙の中には、無限数のパラレル宇宙を含んでいて、その宇宙は自分だけのものです。人にも同じようにそのような宇宙があって、人それぞれでゼロポイントが違うのだから、宇宙は違うのです。

どうして違うのかといったら答えは1つ、**ゼロポイントが異なるからです。**

ゼロポイントが異なるから、当然それによって誕生する宇宙は違います。


では、ワンネスとはどういうことなのでしょうか。

皆さんは「宇宙＝ワンネス」と教えられて、魂は1つのところから生まれたのではないかと戸惑《とまど》う人がいると思います。

**ワンネスというのは、ゼロポイントの集合意識なのです。**

いうならば、ゼロユニバースです。

1つから生まれるのではありません。

1つ1つのゼロポイントから生まれた、それぞれ個別の生命エネルギーがあります。

**ゼロポイントは無限大のエネルギーです。**

**無限大のエネルギーの集合意識がワンネスです。**

いままでこのことは誰も言っていませんが、私はあえて言います。

「宇宙はワンネス」と学んだ人も、これで理解できるようになります。

大事なことは、**「1つから発生した」のではなくて、「個別から発生した」**という認識です。それが、これからスピリチュアルを学んで、目に見えない世界、自分の本質を学んでいく上で、最も重要な出発点になります。

出発点が個別だから、自分が生きる自分宇宙は個別です。

ワンネスが本当に1つだったら、宇宙は1つです。

まず、これが皆さんに最も知ってほしいことだし、知らないといけないことです。

ワンネスという概念は融合を学ぶにはよかったのですが、これから「さらなる融合」を学ぶためには、**「個の成長」が必要です。**

いままでは中レベルの融合でよかったので、ワンネスという考えで理解できたのですが、地球と人類は霊性を高め、エネルギーレベルをもっと上げていく時代になりました。そうすると、いままで言われてきたワンネスという概念だけでは補い切れなくなります。

それは本質ではないからです。

個の成長がさらなる融合をつくるにあたり、**個を成長させるためには「自分宇宙」というしくみを知ることが非常に重要です。**

これは本書を理解するための土台となる考え方です。

## 望む自分になれる

皆さんは、どうして「望む自分になれない」と思い込んでしまっているのでしょうか。

そこには2つの落とし穴があります。

1つは、いまここに存在している自分の宇宙があって、いまここで体験していない自分宇宙は存在しない。だから、未来については「つくり出さないといけない」。過去については「変えることができない」と思い込んでいることです。

もう1つの落とし穴は、自分の意識以外の存在、特に人間や、社会など、そういったものたちは自分と同じ宇宙に住んでいるから、「自分だけが変わっても、相手が変わらない限り、自分は変われないんだ」と思ってしまっていることです。

この本は、「そうではありません。本当は『望む自分になれるんだ』」ということを示すバイブルになるでしょう。

いまこの世に存在する自分には、1つの宇宙しかないと思っていますが、いまここの自分に対しても、**「無限に違う自分」が存在しています。**

**現在の自分が失敗していても、「すでに成功している自分」も同時に存在しています。**

**しかも、「過去は変えられない」と思っていますが、エネルギーを変えたら、過去は瞬間的に変わります。**未来は不安定で、どういう未来が襲ってくるか読めない。自分で決められないと思っていますが、**未来は振動数を変えてパラレルを選ぶだけだから、自分で自由に選べばいいのです。**

これがこの本で教える大きな学習になります。

もう1つは、自分以外の他者や社会のエネルギーによって自分は影響されているので、自分の望みは「いつまでたってもかなわない、うまくいかない」と思っています。

しかし、パラレルが無限に存在していること、さらに、そのどのパラレルも、自分以外の存在のパラレルとは完全に隔離された別の時空間だということがわかれば、他人がどんなに絡んできても、他人の影響をどんなに受けようと、この本を読んで大事なことを学べば、自分のエネルギーをつくるのに他人のエネルギーは一切受けなくなります。

この2つで、望む自分になれるのです。

## 多次元ということ

多次元とは何か。「いまここ」にいる自分とは「違う世界」ということです。

自分より振動数が高いものを高次元といいます。

自分の「いまここ」よりも振動数が低いものを低次元といいます。

また、同じ振動数で違うパラレルや、違う時間の軸をとったパラレル、違う空間を中心にしたパラレルは異次元です。

**異次元と高次元、低次元をすべて含めて多次元です。**

だから、多次元は高次元ではありません。低次元でも、異次元でもありません。

すべて統括したものです。

いまここは「中心次元」といいます。

「中心次元」以外の**無限数の自分を「多次元の自分」といいます。**

「中心次元の宇宙」はいまここ次元宇宙です。

そうではない自分の姿を「多次元宇宙」といいます。

それがいまここと同時に存在しているから、「パラレル」という言葉を使います。

しかも、自分だけの宇宙だから、「多次元パラレル自分宇宙」です。

すぐに理解するのは、ちょっと難しいかもしれません。

## **自分宇宙を乗りかえる**

今まで地球人は、なりたい自分、望む自分になるのに、努力や我慢、辛抱など、いわゆる「プロセスがないとなれない」と思っていました。望む自分の姿はいま存在していなくて、ないものをつくり出すために、一生懸命努力していたのです。

でも、それは本質ではありません。

「望む自分の姿」は、**すでに存在しているから、ポータルを開いて、自分宇宙を乗りかえるだけでいいのです。**

だから、この本で勉強したら、なりたい自分になれるのです。

努力、我慢というプロセスは必要ありません。

いま地球にあるものはプロセスだらけです。こうしないといけないとか、時間をかけて、空間を移動して、努力して頑張って成し遂げることばかりでした。

しかし、多次元自分宇宙に存在するだけで、ボーッとしていても、この瞬間にゼロ秒で変われるのです。こんなにおもしろいことはありません。

この本では、画期的な宇宙のしくみ、魂のしくみを皆さんにお伝えしたいと思います。

第1章

# 多次元パラレル自分宇宙のしくみ／無限大の可能性

## ワンネスとゼロユニバースの違い

「まえがき」にもワンネスについて少し書きましたが、この本の内容を理解するうえで重要なポイントになりますので、あらためてくわしく説明したいと思います。

いままでのスピリチュアル・精神世界で言われ続けてきたのはワンネスという概念で、私たちはみんな同じところから誕生しているということです。

この概念のいいところは、みんな仲間だということで、生命の共同意識を持てることです。

これはプラスに働くところはあるのですが、実は皆さんが気づいていないマイナス面が大きいのです。

つまり、逃《のが》れられないがんじがらめの縛りつけがある。

皆さんが同じところから生まれているとすると、「あの人に比べて私はだめだ」「どうして私だけがこうなってしまうのか」などと、人と比べるようになってしまいます。その大きな原因は、同じところから始まったのに、「どうしてこんなに違いが出たのか」「どうして自分が人より劣っているのか」と意味を持ちたがるようになるからです。

さらには「自分が劣っているのはよくない、悪だ」と思ってしまうのです。

いまスピリチュアルや精神世界で、人それぞれ違ったエネルギーでいい、自分自身を愛しなさい、自分を生きなさいなどと言われ続けてきていますが、「エネルギーの大もとが一緒だ」という考えがあると、結局は呪縛《じゅばく》から逃れられません。

**エネルギーの大もとが一緒というのは真理ではありません。**

私が言う真理とは、ゼロポイントは「いまここ」にあって、自分だけの唯一のものということです。過去も未来もパラレルの無限数の自分も「いまここ」にあって、全部ゼロ秒、ゼロ歳なのですが、その「**ゼロポイントは各人みんな別々**」だというところが一番大事です。

## ワンネス

みんな同じところから誕生しているワンネスの概念は、
生命の共同意識を持てるという点がプラス面です。
しかし、エネルギーの大もとが一緒であるというのは、
宇宙の真理ではありません。

多次元パラレル自分宇宙を勉強するにも、ゼロポイントの大もとがワンネスで1つだったら、どうなるでしょうか。

他人の意識エネルギーが全部くっついていたら、望む未来を選ぶことはできません。選んだら、ワンネスに吸収されてしまいます。

つまり、人が絶対に絡んできて、常に干渉されることになります。

**ワンネスは、常に干渉もするし、干渉されるという呪縛から逃れられないコンセプトであり、これは宇宙の真理に反します。**

エネルギーの大もとが同じなのだから、パラレルをいくら変えても、そこにつながってしまいます。これは正しくありません。

そうではなくて、**生命エネルギーの始まりのゼロポイントは全く別で、それぞれが宇宙現象の中で最も高いエネルギーです。**何億ヘルツとか、何兆ヘルツとか、何京ヘルツとか、そういう数字がない世界で、無限大ヘルツの世界です。

**ゼロポイント＝無限大ヘルツの世界です。**

生命らせん振動波（宇宙ソウルウェイブ）の無限大ヘルツを生み出すポイントのことを、ゼロポイントといいます。

無限大というのは数字がないということで、どんな大きい数字でも、数字という形になった時点でいきなり低次元になります。このことは知っていたほうがいいと思います。超高次元では数字は存在しません。

**数字が存在しない超高次元の無限大ヘルツのゼロポイントの集合意識が真のワンネスです。**

本当はワンネスと呼ぶよりも、**ゼロユニバース**と言ったほうがよいと思います。いわゆる**ゼロポイントを集めた集合意識です。**

**「ゼロユニバースはワンネスとは違う」ということが大事であって、無限大のゼロポイントの集合意識です。**

そこは共有はするのですが、お互いに干渉はしない。全く影響し合いません。そこがワンネスと違います。

## ゼロユニバース

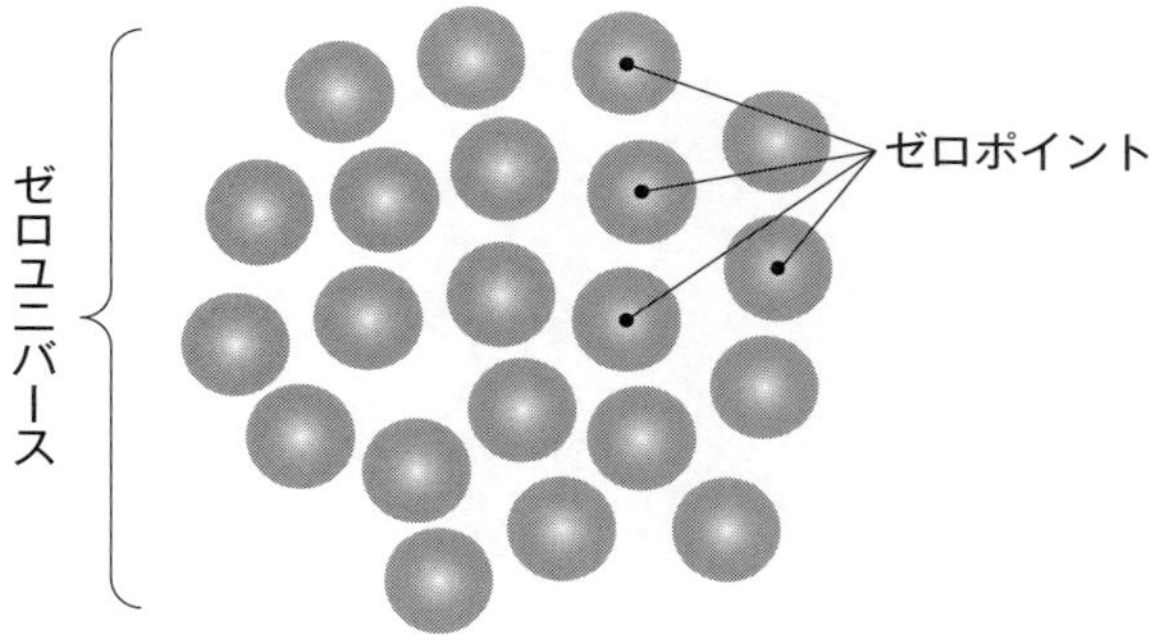


シャボン玉宇宙（ゼロポイント）が独立している

## ワンネス

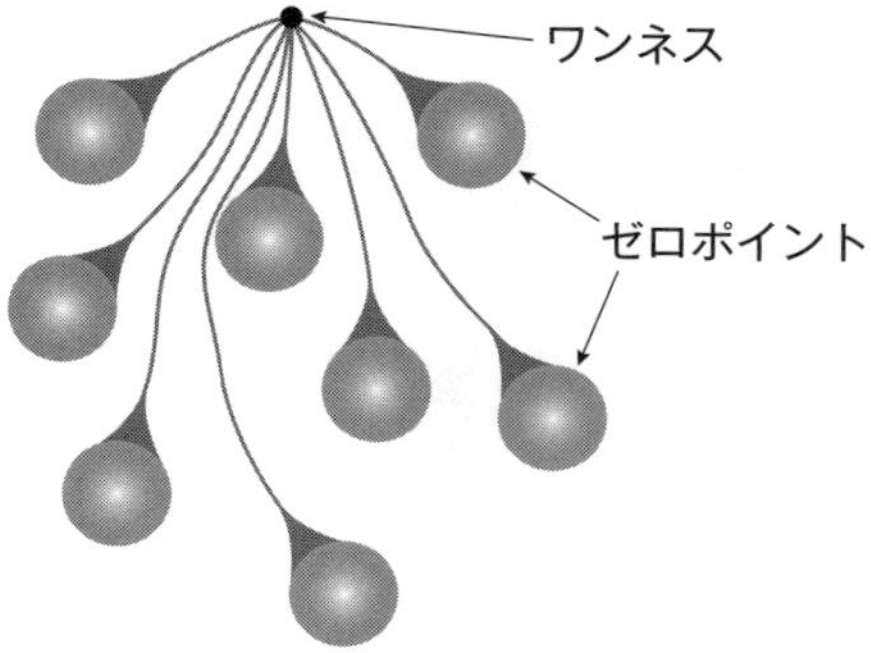


シャボン玉宇宙（ゼロポイント）が
1つ（ワンネス）に帰属している

ゼロユニバースは大もとの数字のない世界のエネルギーの集合体であって、これは集合体ですがお互いに影響し合わない。だから、シャボン玉宇宙が別々に成り立つのです。くっつきません。

ワンネスはスピ難民を作り出す落とし穴でもあるのです。

スピリチュアルを勉強すればするほど、もがいてしまうスピ難民は、これまでの間違ったワンネスの理解が大きく影響しています。

ワンネスという考えは、ある程度理解を促《うなが》しますが、結局、真理にはたどりつけません。ある線から上のところは行けなくなってしまいます。

多次元パラレル自分宇宙では、シャボン玉宇宙が独立しているということが大事です。

でも、ワンネスだったらシャボン玉宇宙の先端がくっついています。

相手のシャボン玉宇宙が乱れたら、自分も乱れることになります。

それは宇宙の真理ではありません。

ゼロユニバースの中の個の宇宙たちは全く別ということです。接点はありません。

## 自分だけしか存在しない自分宇宙

繰り返しますが、皆さん1人1人が生きる宇宙は「あなただけの宇宙」であって、あなた以外の生命は存在せず、関与することはありません。

宇宙というのは、あなたの生命の固有らせん振動波、あなただけの振動のエネルギー、生命のエネルギーが存在する時空間のことです。

そして、**魂＝Ｂｅｉｎｇのエネルギーが発生する点がゼロポイントです。**

**人それぞれゼロポイントが違うので、誕生する宇宙も違うのです。**

**ゼロポイントは無限大のエネルギーです。**

私たちは、1つ1つのゼロポイントから生まれたそれぞれ個別の生命エネルギーなのです。1つから発生したのではなく、個別から発生した「自分宇宙」という認識を持ってください。

## 魂はすべてゼロ歳ゼロ秒、「いまここ」です

私の行うセミナー、講演会、イベントなどで、魂の質問がふえてきました。

「先生、魂はいつ生まれたんですか?」

「魂は歳をとるのですか? 何歳まであるのですか?」

「魂に古い、新しいはあるのですか?」

「魂に終わりはあるのですか?」

という質問をひんぱんに受けます。

いかに皆さんが自分の魂、自分の命の根源について気にし始めたかということです。

10年前だと魂の質問はそんなになかったと思いますが、ここに来て魂や私がＢｅｉｎ

gと言っているたぐいの質問がすごくふえてきています。

質問の答えを理解するのに「パラレルという概念」がすごく大事になってきます。

魂に「古い、新しい、誕生、終わりがあるのか」についての答えを先にお伝えします。

**魂はすべてゼロ歳ゼロ秒、「いまここ」です。**

この究極の答えは、皆さんがこの本を読むに当たってものすごく大事な知識、情報になると思います。

スピリチュアルを学べば学ぶほどもがいてしまう、いわゆるスピ難民はどうして生まれるかというと、**魂は生まれたら終わりがあって、古い、新しいがあると思っているがゆえに、いまを変えるということが学べないからです。いままでスピリチュアルを勉強する人にとって、これが特に大きな落とし穴だったのです。**

この本は、いままで誰も教えなかった「魂と生命の存在の本質」に迫る初めての本です。

あなたのすべて、つまり、いままであなたが経験したこと、これから未来であなたが経験すると思い浮かぶこと、もしくはあなたが思い浮かばないことも含めて、すべて「いまここ」にあります。

もっとわかりやすく言うと、**魂は「いまここ」にしかありません。**

**「魂が生まれたゼロポイントはどこにあるのですか？」「いつ生まれたのですか？」という質問に対する答えは「いまここです」**。

これは究極の答えで、皆さんは戸惑うと思いますが、すごく大事なことです。

## 生命存在の本質／生まれるときも死ぬときもない

地球はすべて時間軸で考えますし、時間軸の強い世界なので、私たちは「古い、新しい」という概念を持って生きていますが、本質は違います。

魂が生まれたとき、魂が生まれて1秒たったとき、1時間たったとき、1日たったとき、1年たったとき、1000万年たったとき、1億年たったとき、1光年たったとき、生まれたときも、いまも、その途中のすべての時間軸の自分も、**すべて「この瞬間に発**

**生している」のです。**

しかし、このことは地球にいるとなかなか理解できません。

なぜ理解できないかというと、人間は脳を持っているからです。あなたがもし脳をポイしたら（脳を使わない、捨てる）、宇宙の叡智《えいち》だけを松果体《しょうかたい》から取り入れていたらわかるようになります。

でも、脳がある限り、常識と固定観念が入るので、このことはとらえにくいのです。

ただ、「生まれたときがある」ということは、「死ぬときもある」のですが、**魂は永遠不滅です。**生まれたときもいまだし、死ぬときもいまです。

しかし、あなたは常に存在するから、つまり、**生まれるときも死ぬときもないということです。**

これはものすごく深い、超スピリチュアルの真髄《しんずい》です。

哲学であり、真実です。

私が素粒子《そりゅうし》を飛び越えて、超素粒子の感覚になって感じている答えです。

これまで述べたことと矛盾《むじゅん》するようですが、私はいままでの本に「始まりはゼロポイント」だと書いています。しかし、それはあくまでも地球人が学びやすくするためのツールでしかありません。魂の始まりとか終わりという概念は真実ではないのです。

つまり、地球人は、「始まり」というものを持ちたいのです。「モノには必ず始まりがあって、終わりがある」という固定観念があって、そうではないと不安なのです。

例えば、モノは製造されて、いつか消えます。人間も生まれて、いつか死んで消えます。地球のエネルギーも生まれて、なくなるでしょう。

そういう世界で生きているから、魂を語るときに、「いつ生まれたの？　どういうふうに生まれたの？　どのように亡くなるの？」という概念があったほうがとらえやすいので、あえて「始まりはゼロポイント」と言ってきたのです。

## ゼロポイント／多次元パラレル自分宇宙との出入り口

では、ゼロポイントとはどういうことなのでしょうか。

いままで何冊かの本でゼロポイントのことを書いてきましたが、誰も言っていない本当のゼロポイントの意味をここで明らかにします。

**ゼロポイントというのは、ブラックホール、宇宙の空間のシリコンホール（珪素原子に存在するエネルギーポイント）です。**

自分だけの宇宙があって、いま生きている宇宙時空間は、自分宇宙の一部なのです。

いま見えている宇宙は、いくつも同時に存在しているパラレルの宇宙の中の1つでしかありません。ほかの宇宙の出入り口がゼロポイントなのです。

つまり、**ほかの多次元パラレル自分宇宙との出入り口がゼロポイントです。**

しかも、ゼロポイントは、自分のエネルギーがもとに戻った無限数のエネルギーのところなので、最も高い状態のところから無限にポータルがいっぱいあると思ったらいいでしょう。

無限にポータルがあって、意識中心（中心宇宙）は1個のポータルしか選択できないので、あるポータルを開いたら、そのポータル・イコール・ゼロポイントなのです。

だから、ほかに無限数の選択しなかったポータルがあって、ゼロポイントは大きい集結の中の1個のポータルです。

ここにそれぞれ宇宙がくっついています。

ここのことをゼロポイントといって、大もとの宇宙エネルギーはゼロボールといいます。

**多次元パラレル宇宙の大もとがゼロボールです。これは自分の存在の大もとです。**

大もとは完璧な状態で、無限数の振動数があります。

ここには始まりも終わりもなくて、ただ存在しているだけなのです。

## 多次元パラレル自分宇宙への ポータル(大)とポータル(小)

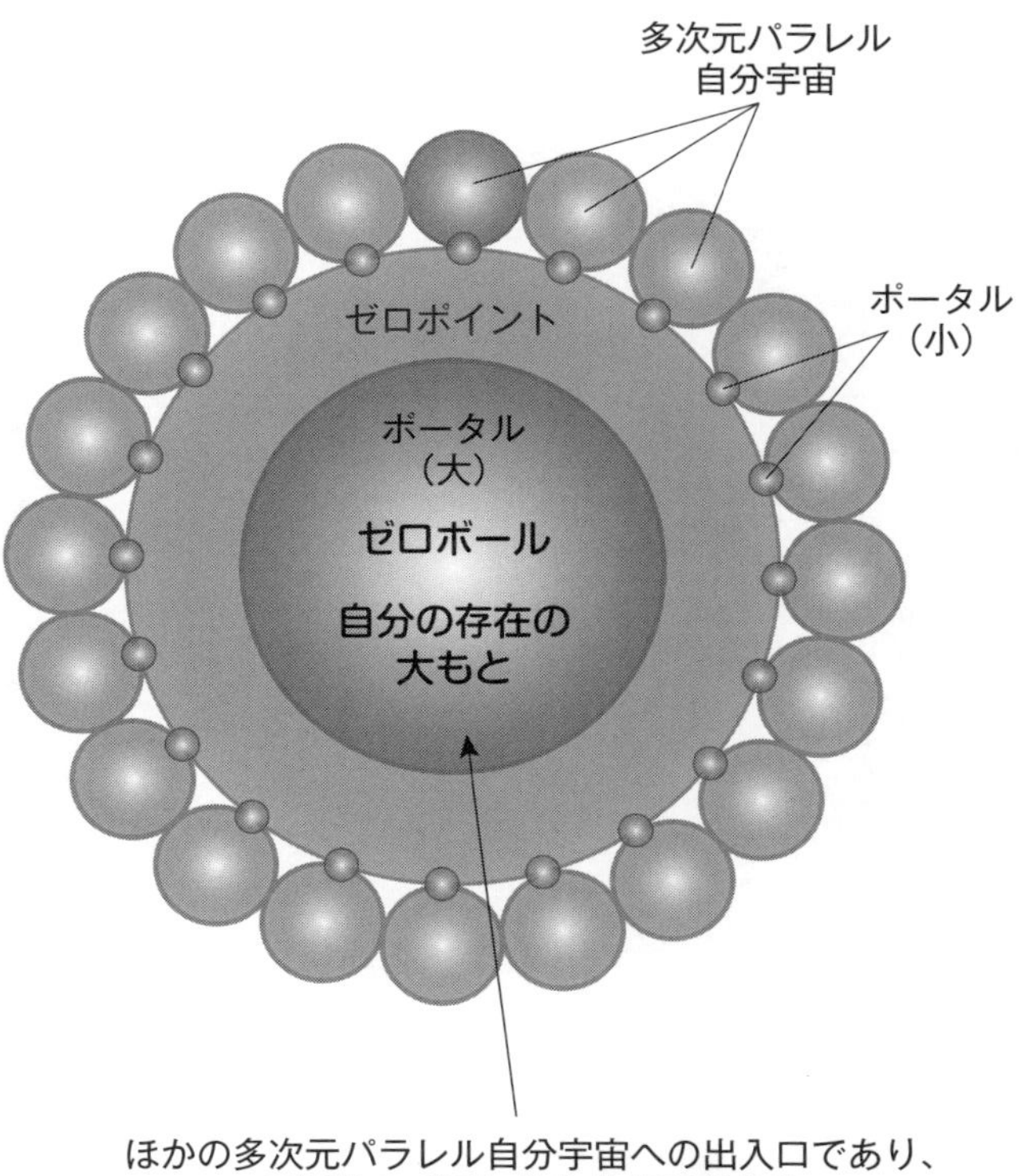

最初はシリコンホールがあって、超高振動数エネルギーの高次元珪素の塊がゼロボールです。

自分の意識、エネルギーはもともと超素粒子で、何かの起点で回転し始めました。

何かという表現は非常に微妙なのですが、回転し始めると意識を持ち始めるので、「自分を体験したい」ということで、このゼロポイントからどこかに飛び出るのです。

では、超素粒子はいつからあるかというと、地球人には考えられない世界で、ただ、あるだけなのです。いつからとか、いつ生まれたとかではなくて、超素粒子はもともとあるのです。

でも、あるときに、ブラックホールを1個あけて、ゼロポイントから宇宙空間に飛び出します。初めて飛び出したことを「誕生」と言います。

**ブラックホールのゼロポイントのポータルを開いたときを「魂の誕生」といいます。**

## あなたには無限数のパラレルがある！

話を少し戻しますね。いまも実際に「魂を開いている中心宇宙の自分」がいるのですが、魂の誕生のとき、あるいは、その途中経過で「魂を開く瞬間と、いまと、何が違うのでしょうか」という質問には「パラレルが違うのです」と答えます。

パラレルのことを説明したかったので長くなりましたが、魂の誕生のゼロポイントの瞬間と、いまと、その時間の途中経過で何が違うのかというと、「パラレルが違う」ということなのです。

ゼロポイントで超素粒子が初めて振動して、らせん振動でクルクル回ったときに、ゼロポイントのポータルを開きました。宇宙時空間に入ります。

**ゼロポイントを開いたときに、宇宙時空間が同時にパーッとできるのです。**

そのときの宇宙時空間と、いま皆さんがエネルギーを落としてきて存在している宇宙時空間とは、全く別の宇宙空間なのです。これが大事です。

私や皆さんは、ゼロポイントで魂が発生してから、さまざまなジャーニーをしてきました。しかし、私たちは1つの宇宙時空間の中で自分がクルクル回って、落ちてくると思ってしまうのです。

そうではなくて、**1周回る前の宇宙時空間と、1周回った後の宇宙時空間は、全く違うパラレルです。**それが大事なのです。

これが理解できるようになると、この本はすごくおもしろくなります。

新しい魂、古い魂があると錯覚してしまうのですが、振動数は、生まれたときと、少したったときでは、Ｂｅｉｎｇのらせん振動数が全く違うのです。振動数が違うということは、そのときに自分が持つ時空間、つまりパラレルは全く別のものです。

つまり、魂が生まれたとき、ゼロポイントからポータルを開いて出てくるとき、途中

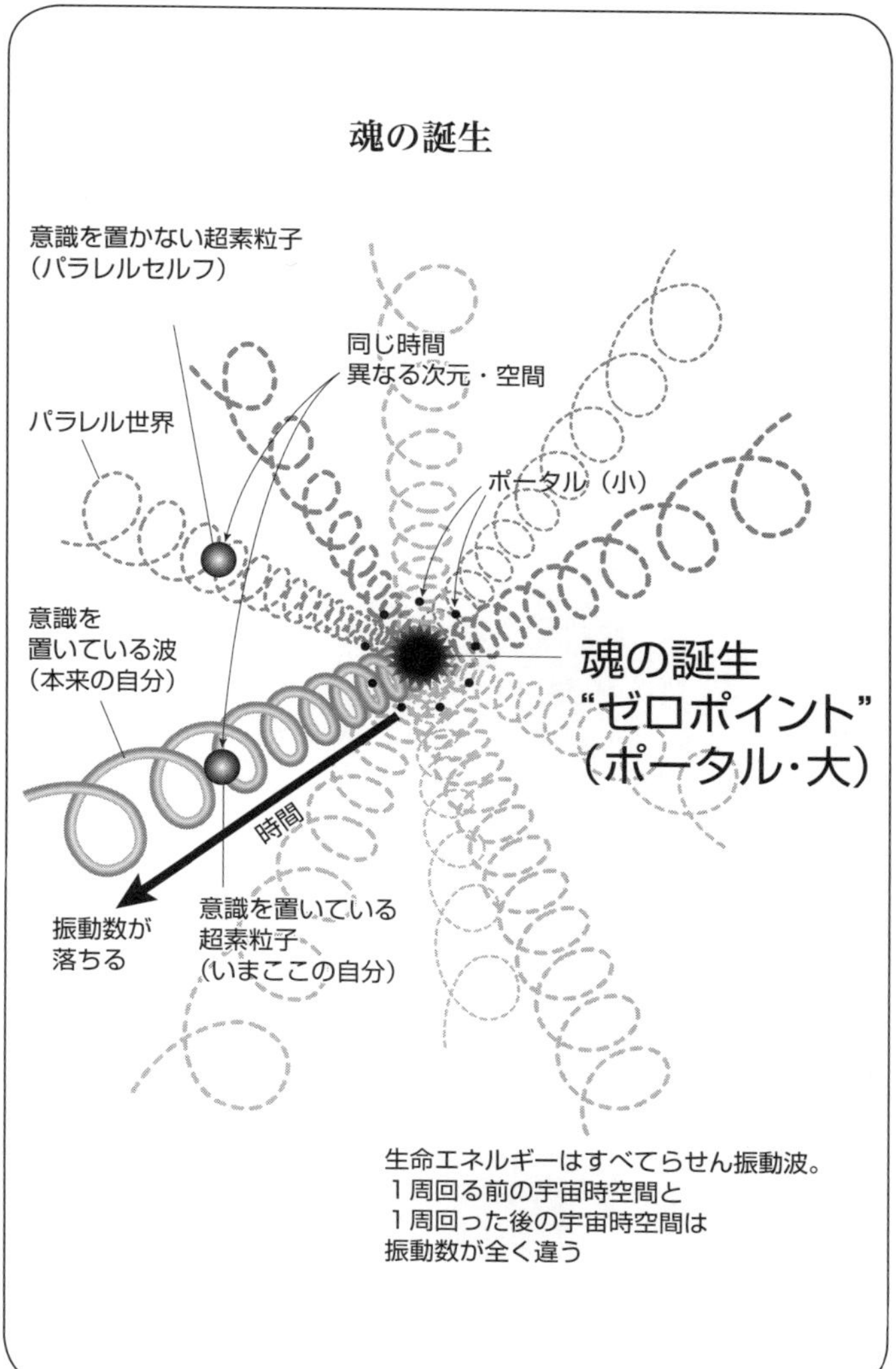
魂の誕生
意識を置かない超素粒子
（パラレルセルフ）
同じ時間
異なる次元・空間
パラレル世界
ポータル（小）
意識を
置いている波
（本来の自分）
魂の誕生
"ゼロポイント"
（ポータル・大）
時間
振動数が
落ちる
意識を置いている
超素粒子
（いまここの自分）
生命エネルギーはすべてらせん振動波。
1周回る前の宇宙時空間と
1周回った後の宇宙時空間は
振動数が全く違う

経過のある地点、いまの自分の地点は、振動数が違うだけです。新しいとか古いではありません。

魂が新しい経験を求めてゼロポイントから出ようとしたときに、すでに低い次元の地球のあなたはいたのです。

ただ、何が違うかというと、ゼロポイントから自分の超素粒子が出たときの回転振動数と地球にいる自分の細胞内の回転振動数が異なるのです。

シリコンホールは高次元で目に見えないものです。

超素粒子は高次元の珪素《けいそ》でできていて、最小の物質です。

高次元珪素には高次元シリコンホール（ポータル）があります。

そのポータルは無限数にあって、それぞれシャボン玉宇宙が1つのポータルに1個ずつついている。だから、無限数のシャボン玉宇宙があるわけです。

つまり、ポータルから魂が飛び出たときに、すでにシャボン玉宇宙の中には「地球で

## 珪素原子と珪素シリコンホール

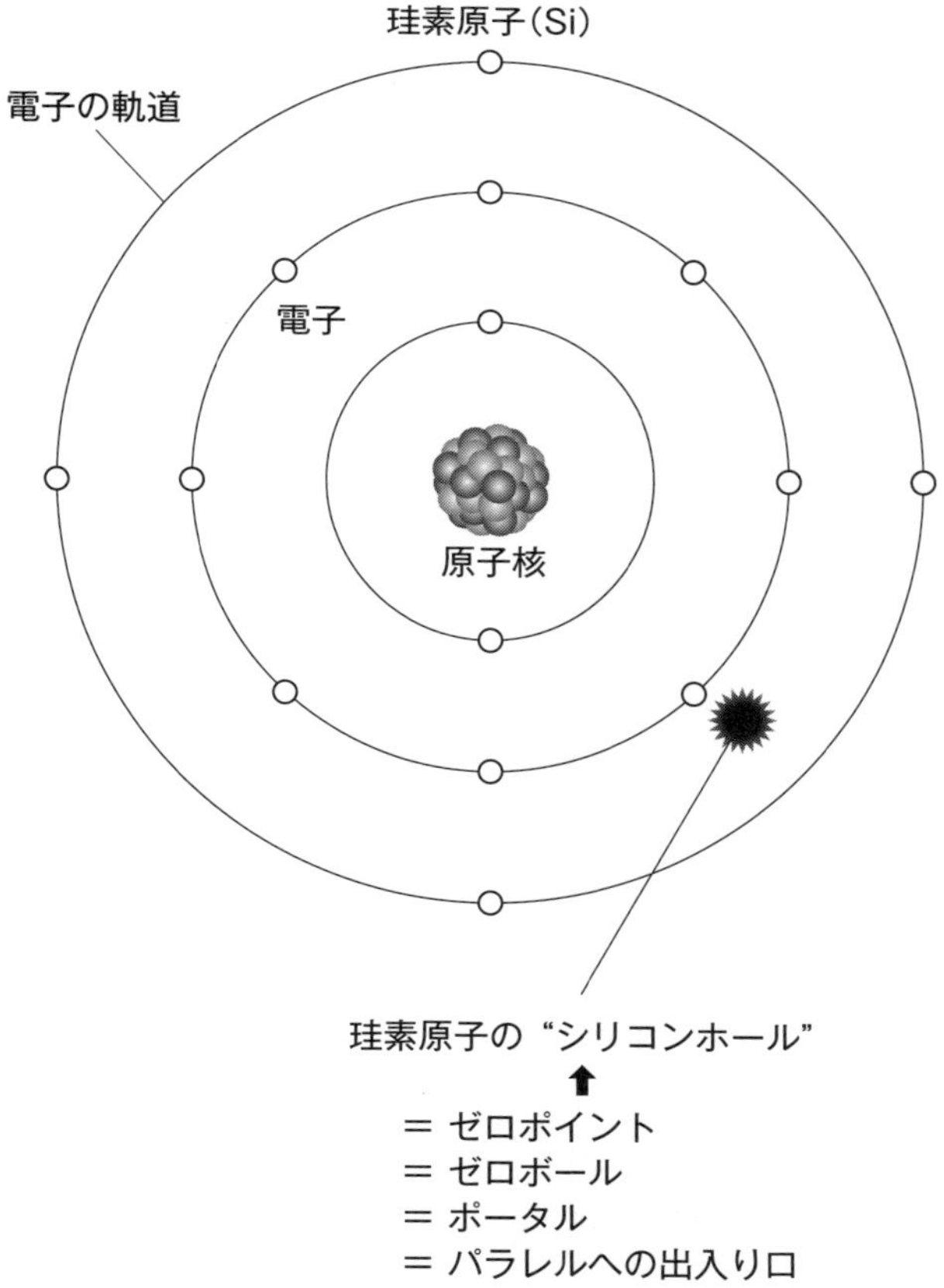

暮らしている自分」もいるわけです。

だから、新しいも古いもないのです。

魂にはいましかありません。

**魂が生まれたときも、先にある未来も、あらゆる無限数のパターンが、いまここにすべて存在しているわけです。**

パラレルの定義は、いまここの私の意識エネルギーと、完全にゼロ秒で同時に存在している自分が体験していない世界のことです。

過去、いま、未来を含めた時間軸で、また、その時間軸に置いたすべての可能性のパラレルも含めて、ある時点においての空間も含めて、無限大ということになります。

**いまの自分は、無限数のパラレルがあります。**シャボン玉宇宙がいっぱいです。

1秒後の自分についても無限数にシャボン玉宇宙があります。

1年後の自分についても無限数にシャボン玉宇宙があります。

過去に対しても、同じようにシャボン玉宇宙があります。

そうすると、時間軸でいうだけでも、無限数のパラレル宇宙があります。

また、時間を固定して、空間枠においても無限数のパラレルワールドがあります。

「時間」または「空間」が違うというのは、「振動数」が違うということです。

だから、**時間を起点にしたときのパラレル自分宇宙と、空間を起点にしたときのパラレル自分宇宙というとらえ方があって、それを総合したものすべてのパラレル自分宇宙ということになります。**

## 他者との交流は自分宇宙同士のコンタクト

自分宇宙に1人しか存在しないのだったら、親、兄弟、友達、会社の仲間との関係はどうなっているのでしょうか。手もつなぐし、異性と抱き合うじゃないか、同じ部屋で一緒に過ごすじゃないか。これは同じ宇宙空間にいるということではないかと、すぐに皆さんは思ってしまいませんか?

それでは従来の考えから脱することはできません。この点は重要です。

自分宇宙同士の接触については、言葉をはじめ3次元の表現方法では伝えきれない部分が多いのです。でも、伝えないといけません。文章で伝えるのはとても大変なことですが、やるしかありません。100%は難しいかもしれませんが、できるだけ活字でお伝えします。

他者との交流のしくみは、**シャボン玉自分宇宙と、コミュニケーションしている相手のシャボン玉宇宙が接することになります。**

接するにはいろいろな方式があって、例えば道に迷ってたまたま道順を聞くだけでその後は一生会わないという人とは、1点だけくっついて、すぐに離れて、以後は別れたままです。

つきあいは浅いけれどもつながりがずっとある人とは、シャボン玉の表面同士がくっついたままでいるのです。本当は一瞬のつながりなのですが、3次元において文章化す

## 他者との交流

### 道に迷ってたまたま道順を聞いた人

①道を聞いたときに少しくっつく

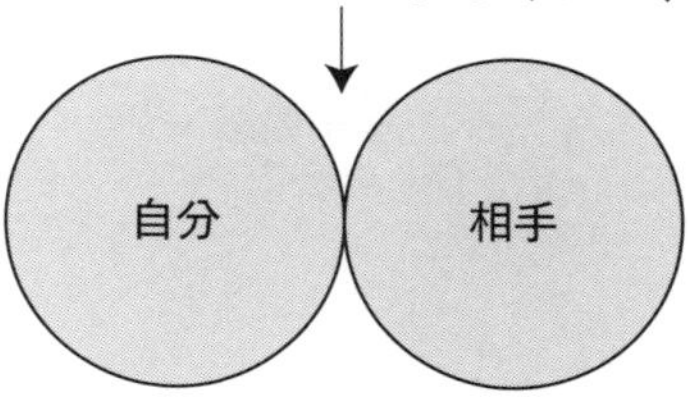


②その後はすぐに離れる

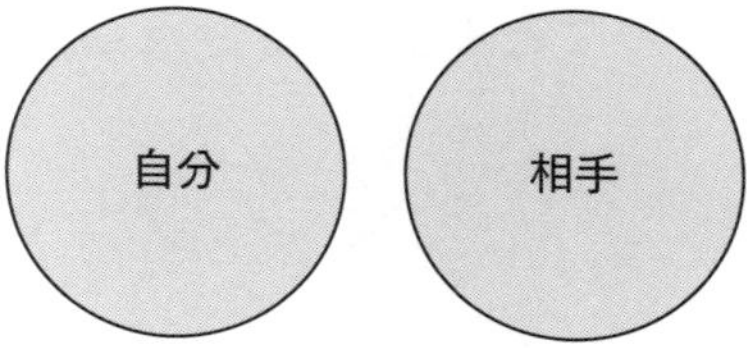


以後はシャボン玉自分宇宙は
離れたままになる

## つきあいは浅いけれど
## 長くつながりがある人

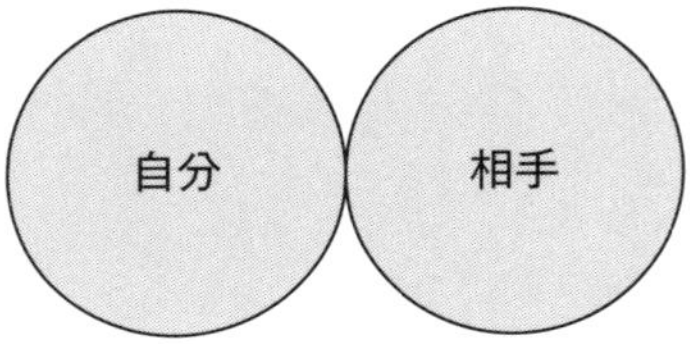


シャボン玉自分宇宙の表面が
くっついたままでいる

## たまにお茶を飲んだり、
## 自分のことを話し合う友達同士

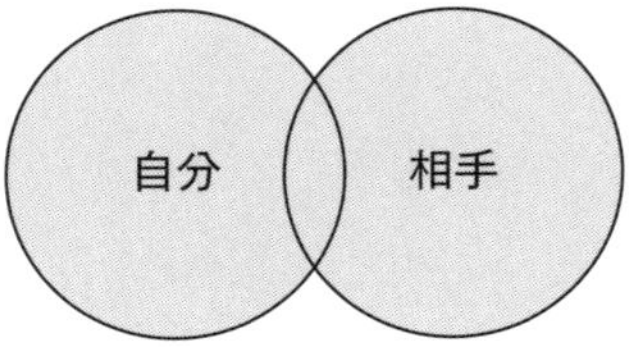


自分のシャボン玉宇宙が相手の中に入る。
どのくらい食い込むかで、つきあいの
深さが決まります

**家族は自分宇宙を
ほとんど共有している**

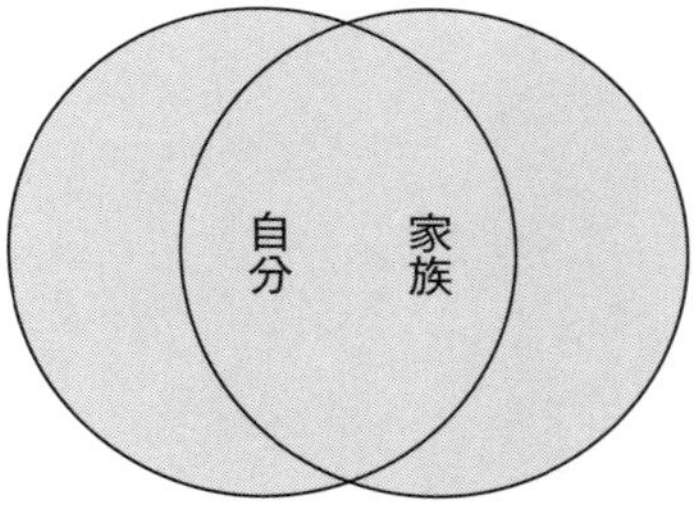


重なっている部分が多い。
これが家族です

るために、「時間がある」と想定して伝えています。

たまにお茶を飲んだり、自分のことを話し合う友達同士は、シャボン玉がもう少し食い込みます。そうすると、接する部分は円形の平面になり、自分のシャボン玉宇宙が相手の中に入り、相手のシャボン玉宇宙も自分の中に入ります。

それがどのくらい入り込んでいくかで、つきあいの深さが決まります。

例えば、ずっと友達だったけれども、ある日けんかしたり、引っ越ししたりして疎遠になると、シャボン玉は一回離れます。

相手のことを忘れてしまったりするのですが、再び会うときは、シャボン玉がまたくっつくのです。

ついたり離れたりを繰り返しますが、シャボン玉がついているときはお互いの意識が交流しているといえます。

**家族は、シャボン玉自分宇宙をほとんど共有しています。**重なっている部分がほとんどなのです。でも、全部重なっていたら宇宙が同じになってしまうので、かなり重なってはいますが、完全に重ならずに自分だけの部分は持っています。これが家族です。

友人関係が長く続いて、物理的にコンタクトしているとか、電話やメールをしているときは、もちろん接点を持っていたり、重なっているのです。

また、久しぶりにその人のことが思い浮かぶときは、シャボン玉宇宙はつきそうでつかないぐらいの距離にいて、お互いに引き合って、お互いが気になって、ある時、グッと接点ができる。急に電話がかかってくるとか、メールが来るというのは、お互いにエネルギーが何となく引き合うからです。

でも接触する前の時点では、まだ自分たちが引き合っているのがわからないのです。最近、この人が気になる、相手も私のことが気になるというやりとりが続くと、シャボン玉宇宙を引き寄せて、だんだん近寄ってくるのです。あるときふいに、相手から連絡が来たというのはこの原理です。

恋愛において、お互いに想い合っているけれども離れているという人たちがいます。お互いが想い合っていたらシャボン玉は完全にくっついています。身体による具体的なコンタクトではなくて、**意識エネルギーのコンタクト**です。物理的なコンタクト、感情的なコンタクトには関係なく、接点はもちろん交差しています。

ここは大事なところです。お互いが想い合っていたらシャボン玉がくっついていて、けんかしていたら離れるのではありません。**意識していたらくっつくのです。**

想い合っていても、想い合っていなくても、けんかして、「この野郎、憎たらしい、殺してやりたい」と感じていても、お互いに意識していたらくっつきます。

## 「偶然のしくみ」を解き明かす

自分は意識しているのに、相手は意識していないときは、自分のエネルギーはグーッと寄っていこうとするのですが、相手は寄ってこずに、ずっと離れたままです。

これではどうしてもコミュニケーションできません。ただ、相手のことが頭に浮かぶということは、相手の自分宇宙にある意識はそのことを認識しているので、近くにあるのです。

しかし、相手が認識した上で受け入れないと交流できません。

**自分宇宙どうしの交流の原則は、「お互いの意識どうしの受け入れがあって初めて交差する」ということです。**

例えば、ある人と街で「偶然出会った」などといいますが、偶然ということは決してありません。脳で意識していなくても、魂の超潜在意識が「会う」というエネルギーを持っていたときに、お互いの超潜在意識が「会っていいよ」と合意して、交差するのです。これが、「偶然のしくみ」です。

**あなたが誰かに想いを寄せている場合、相手の意識が来たら交差しますが、自分のことが相手の意識に全くなかったら、絶対に交差しません。**

例えばストーカーは、対象者に「嫌だ、気持ち悪いな」と思われていると、交差しています。相手も意識しているからです。

しかし、皆さんが驚くような宇宙の事実を述べるならば、ストーカーされる側の魂の超潜在意識は、ストーカーに会うことを受け入れてしまっているのです。

この場合は、ストーカーされることで、何かを学ぼうとする魂（Ｂｅｉｎｇ）の意識が作用しているのです。

どんな形であれ、お互いに意識していれば交差しています。

**超潜在意識が受け入れるかどうかが鍵です。**

## 家族は自分宇宙が常に重なったまま生きる存在

家族についての悩みや相談は多いので、詳しく説明しましょう。

先ほど、「家族どうしのシャボン玉宇宙はほとんど重なっている」と書きました。

たとえ、離れていてもお互いの意識がつながっていれば、常に合体しているのです。

**家族は自分宇宙を共有する集団なのです。**

だから、学びが大きいのです。

自分宇宙というのは、本来、自分の意識しか存在しないので、自分だけでいたほうが楽なのです。人が自分宇宙に入ってくるのは、どちらかというとエネルギーが乱れます。

自分が自分でいられなくなるからです。でも、学びがあります。

私の提唱する「ぷあぷあ」というのは、本当は「自分1人だけの状態」です。

自分だけのエネルギーが存在しているので、楽で愉《たの》しい。人が入ってくるとぷあぷあできません。

でも、家族はもがく状態をあえてつくって、学ぶことがお互いの約束です。ところで、よく家族を失ったらがっくりしてしまう人がいますが、それは魂の本来あるべき姿ではありません。

家族にすがって生きる人、家族がないと生きられない、私は家族がいるから生きている、私の生きがいは家族を守ることだという人は、地球においてはすばらしい人だと思われるかもしれませんが、高次元シリウスやアルクトゥルスの次元から見ると、本当にピエロみたいなものです。

きびしいことを言うようですが、本当に生命のことをわかっていない生命体のおかしな考え方です。

家族というのは、自分のシャボン玉宇宙とは別のシャボン玉存在が契約して、お互いに学び合おうとあえて選んでくるわけです。

そして、家族は、離婚しても、死別しても、意識に残っているからお互いのシャボン玉宇宙はずっと重なったままです。永久に離れません。だから死も悲しくないのです。

そんな家族も、自分宇宙が常に重なったまま生きる存在だから、うまくいっているときはいいのですが、もめると大変です。宇宙が重なっているから、常にエネルギーが絡みます。

人間は、本当のところ、お互いの宇宙を離すことができたらどんなに楽でしょうか。自分1人になれないから大変なのです。

## 「家族のために生きる」ことは、あなたの進化を防げる

一見すると聞こえのいい「家族のために生きる」というのはどういうことでしょうか。

本来、魂（Ｂｅｉｎｇ）の意識は、自分の宇宙を進化させたい、そしてそのために、「自分宇宙を乗りかえていく」ことを続けていきます。

人間の松果体は、多次元パラレル自分宇宙へのポータルを持つ宇宙ボールです。
松果体のポータルが開くように、自分宇宙のシャボン玉を進化させて、また違うシャボン玉を選ぶ。選び続けるのです。

**「パラレル自分宇宙を選び続ける」というのが生きるという過程です。最終的には大もとのゼロポイントに近づいていくことです。**

意識で感じようが感じまいが、それが生きる理由、生きる目的、存在する理由です。魂はそれしかないのです。

そのために私たちは生きているのに、多くの人は家族のために生きてしまっています。
自分以外の家族の誰か1人も、大もとのゼロポイントに戻るために、あらゆるシャボン玉宇宙を選び続けています。

あなたが家族と仲よくするのも、もめるのも、すべて自分の魂が成長するために必要な、自分が選択した課題です。うまくいっていようが、けんかしていようが、離婚しようが、すべてはお互いが受け入れたシナリオです。

だから、はっきり言えば、**自分のことだけを考えていればいいのです。**

自分がどう生きたいのか。自分がどういうシャボン玉宇宙を選んでいくのかを考えていくことだけが本来の生きる意味なのに、相手をよくしよう、また、相手によく思われたいと生きているのが、いまの日本の家族形態です。

しかし、自分と家族の意識は別宇宙のものだから、家族が本当に望んでいることはわかるはずもなく、自分はよかれと思って、ある人によくしても、実はそれがその人の魂の学びとして一番いい選択ではないことがたくさんあります。

相手の魂の学びをブレーキすることになります。

しかも、**自分ではなく、人のことにフォーカスしているので、自分がよりよいシャボン玉宇宙を選ぶエネルギーも下げてしまうのです。**

他人が自分宇宙を選ぶのを手伝ってやろうというのは大きな勘違いです。

自分宇宙の主役である意識中心は、自分宇宙のポータルのシャボン玉しか選べません。

自分以外の他人のシャボン玉宇宙のポータルは選べないのです。お手伝いもできません。**それをあたかも自分ができると思い込むことで、相手のエネルギーも乱すし、自分も選ぶ能力が下がります。**

こう言ってしまうと怒られるかもしれませんが、人間を宇宙の生命体として考えた場合に、いまの地球の家族形態は進化を妨《さまた》げていると言わざるを得ません。

こう言うと私が家族を非難しているみたいですが、家族が悪いのではありません。

何でわざわざ家族形態をつくったのでしょうか。

繰り返し言いますが、それは、家族から学ぶためです。

シャボン玉宇宙をほとんど共有していて重なっているので、問題が生じやすいのです。

本来は自分の宇宙だけを生きないといけないということを学ぶには、一番いい環境です。

いっときの知り合いのようにシャボン玉宇宙がついたり離れたりしていたら、学べません。しっかりと重なっているから、その中で「自分の宇宙を生きないといけない」となるし、このような環境だからこそ、学ぶ要素がたくさんあるのです。

せっかくそういう環境が用意されているのに、**家族にすがって生きたり、家族に意識を投影して生きていると、自分も進化・成長できません。**

## 高次元シリウスのようにゲームと思って遊んでみよう

高次元シリウスには家族形態がないので、存在するものは動物も人間も全部家族という感覚です。彼らが偉いのは、自分宇宙であるシャボン玉を他と重ね続けないことです。それを重ねたら「自分が成長できない」と知っているからです。

高次元シリウスでは、シャボン玉の存在はあえてくっついたり、離れたりします。お互いに干渉しないのです。だから、愛と調和で安定していられるのです。

お互いに成長のためにくっついて、成長のために離れるので、非常に平和でスムーズです。

高次元シリウスでは家族形態はありませんが、母親役割、父親役割、子ども役割、あるいは動物、ペットの役割を演じて遊ぶのです。

彼らは意識を自分にフォーカスしたら、振動数を上げてエネルギー体になれるのです。外に意識を向けたらエネルギーが落ちて、珪素のエネルギーグリッドが固くなり、ある瞬間、多重らせんＤＮＡが2重らせんになって身体ができるのです。

シリウス生命体は半透明体で、意識でどこにでも行けます。だから、身体を持つことは時間と空間の中に入って不自由な思いをすることを彼らは知っています。それをゲームとして楽しんでいます。

地球はその典型なので、あえてもがくゲームをやりに来ているのです。

高次元の生命体から見たら、あえてもがきに来ているのに、それをゲームとして愉しまずに、あたかも「自分の真実」、あるいは「変えられないこと」だと思って生きているから、地球人は進化しないのです。

　この本でパラレル自分宇宙の原理がわかれば、望む自分の人生を生きられるようになります。


　私たちは、ソウルイン（魂エネルギーが、身体の松果体に入ること）するときに、高次元12重らせんの人生と身体のシナリオを読んで、どういう家族に生まれるか、どういう親か、どういう人生を歩むかを自分で選んでくるのですから、それでいいのです。

　**人生や身体で問題が生じるのも、あなたが望んでいることなのだから、「もっともがきましょう」ということです。**

　親子関係で問題が生じるのは、あなたは「もがく関係を選んできたから」なのです。

　それなのに、どうして、もがきたくないと言うのでしょうか、意見を述《の》べあうことを避けてただ仲よくなりたいと言うのでしょうか。

「もっと仲が悪くなっていい、もっと争っていい」と私は言いたいのです。

　皆さんにはこのような部分が足りないのです。地球には学びに来たのに、学び切っていないからもがくのです。「もっともがきましょう」と言いたいです。

病気になってしまうのも、病気から学んで、自分の心が平和になるためのシナリオなのに、「この病気がなければ幸せなのに、もう死んでしまいたい」「どうして自分だけがこんな病気になってしまうのか」などと言う人には、「病気になりたいと選んだのはあなたです。なのに一日も早く、病気をなくしたいともがいている。もっと苦しめ。もっと痛めつけ。もっとふらつけ。もっと目まいを持て」と、そこまで言わないとわからない。もちろんそこまで言うことはほとんどありませんが。

振り切ると、そこから学びが生まれます。病気になることで学びに来たわけです。

皆さんは困難への向き合い方が中途半端なのです。

きびしいことを言うようですが、私は地球で唯一、本当のことを言うドクターです。

自分宇宙同士のコンタクトは大変だと思いますが、たくさんの学びがあるので、それをゲーム化して遊んでほしいと思います。

## 松果体シリコンホールが多次元世界の出入り口

人間は、松果体が脳の中心です。『松果体革命』にも書いたとおり、松果体にたくさんのポータルがあります。それがシリコンホールです。

松果体は珪素でできていて、そのエネルギーの集合体です。珪素原子には電子殻《でんしかく》同士の空間にあるポイントに存在するブラックホールのようなもの、シリコンホールがそれぞれあります。珪素原子のエネルギーが、目に見えない高次元の珪素も含めて集合すると、高次元のシリコンホールができます。これが無限数にくっついているのが松果体なのです。

物質で考えたら、7〜8ミリの松果体に無限数のポータルがつくとは地球人には考えられません。「松果体は7〜8ミリしかないのに、そのポータルの大きさはどのくらいなのですか。いったい何ミリあるのですか。0・1ミリ掛ける700個しか入らないでしょう」などとと聞いてくる方もいらっしゃいますが、そうではないのです。

高次元松果体には高次元珪素があります。

エーテル体、アストラル体と同じで、周囲にエネルギーがあって、そこに無限数のポータルがあるのです。だから、同じ場所に違う穴がいくつもあると思ってもいいです。

空間に1個でなくて、無限数にポータルがある状態です。

それは、それぞれの1個のシリコンホールにシャボン玉宇宙が1個ついていると思ってもらったらいいでしょう。それが多次元パラレルの自分宇宙です。

時間と空間を中心にした、無限個数のパラレルの自分宇宙のシャボン玉を持っているわけです。それはシリコンホールが出入り口です。

いま生きている自分宇宙のシャボン玉があって、大きいシャボン玉の表面に穴があいている、その自分宇宙の外に、たくさんの宇宙がつながっていると考えてもよいです。

それが無限に重なっている。

# シリコンホールが多次元への出入り口

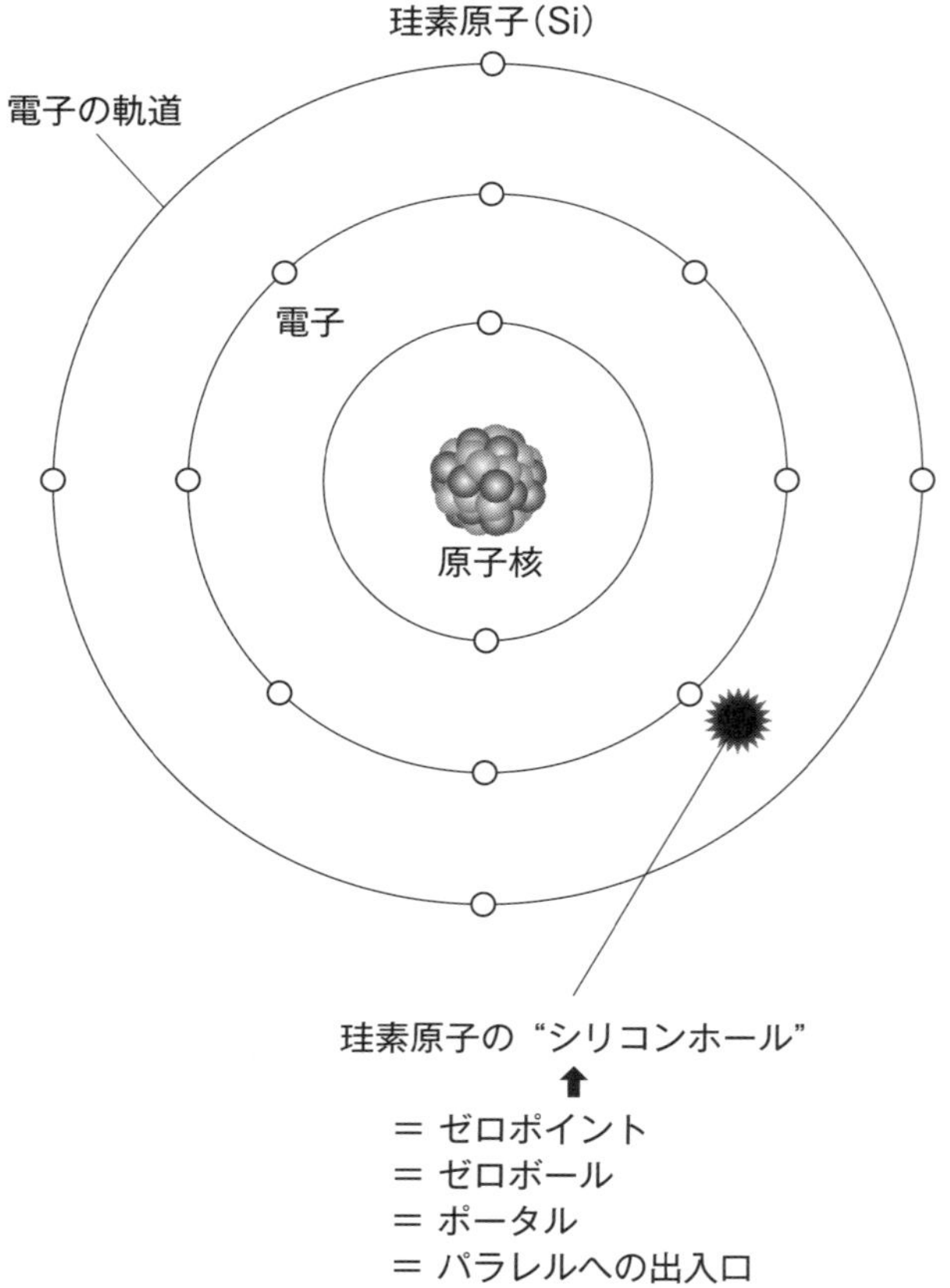

つまり、**シリコンホールが多次元への出入り口です。**

まずシリコンホールが開いていないと、出入りできません。

開いていても、自分が乗りかえられない、実現しないという問題もあります。

どうしたらシリコンホールが開くのか。どうしたら開いている間に乗り移ることができるのかということが、パラレルを生きるポイントになります。

## 第2の松果体について

私の恩師である慶應義塾大学医学部教授が、退任後に、アメリカ人の奥さんと一緒にアメリカのフェニックスで暮らしていました。

私はアメリカのカイロプラクティックの大学を卒業して、そのころ、フェニックスのドクター・ララのクリニックで雇っていただいて、ドクターとして患者を診ることになりました。そして、フェニックスの日本人向け地方紙に記事を5年ぐらい毎月連載していたので、その先生がそれを見て、慶應の教え子だということで患者として来てくれたのです。以後、仲よくさせていただきました。

しかし、私が日本に帰国後、先生と音信不通になり、しばらくして病気で亡くなったと聞いて、私は先生にもうちょっとお話ししたいこともあったので非常に残念でした。

フェニックスではその先生と時々お食事したり、お茶を飲んだりする機会がありました。そのときに聞いた今でも忘れられない話があります。先生が慶應義塾大学医学部泌尿器科の教授時代、ニューヨークのスミソニアン博物館に行ったときに恐竜展をやっていて、「何億年前の恐竜時代は背骨の一番下のところに第2の脳（セカンドブレイン）があった」と説明に書いてあったと私に教えてくれました。

そのとき、私はピンときたのです。

私は患者を診ていた医者としての経験から、尾てい骨を強く損傷した人、例えば子どものときに強烈に尻もちをついたり、スキーで転んだり、高所から落ちたりして尾てい骨を骨折した人は、大人になってから難病になる人の比率がすごく高いと個人的に感じていました。そのときは強烈な痛みですが、数カ月したら治るので、そのまま放置している人が多いのです。

私のクリニックは難病の方の宝庫と言ったら言い方は悪いのですが、全国すべての都道府県をはじめ海外からも難病の人が訪れます。話を伺うと、やはり若いときに「尾てい骨を強打した」という人が少なからずいます。

**尾てい骨には人間のエネルギーをコントロールする重要な役割がある。**

私は、その恐竜の話と自分の臨床経験を踏まえて、尾てい骨は大事な脳がある部分ではないかと考えました。現在では物質的に消え去っていても、**プラーナというかエネルギー体で存在が残っているわけです。**

物質脳はなくなっていても、エネルギー脳が存在している。

エネルギー松果体、高次元松果体、**第2の松果体が存在しているということなのです。**

恐竜は何であそこまで大きくなれたのでしょうか。先史時代はもう少し地球の重力が少なかったかどうかわかりませんが、地球のすべての生命を支配し、頂点に立てたということは、やはり地球とすごくつながっていたからではないでしょうか。

ガイアのエネルギー、地球のエネルギーをうまく使ってあそこまで大きくなって、地球上で君臨できたわけです。


**「第2の脳が背骨の一番端にあった」ということは、尾てい骨のところだった**ということです。いまは脊髄《せきずい》は第1、第2腰椎《ようつい》ぐらいで終わっていて、そこから先は細い糸のような馬尾《ばび》神経が仙骨から尾骨（尾てい骨）までのびていますが、昔は脊髄がもう少し下まであって、仙骨と尾骨あたりの神経が筒状にあったと思うのです。いまは神経が退化して、そのあたりの空洞は広くなっています。

後頭骨に脳が乗っかっていて、脊髄は背骨（脊柱管）の中の空洞を通ってずっと来て、太いものは腰椎の上部ぐらいで終わるのです。第1～2腰椎あたりからひげみたいな馬尾神経がずっと下に行って、脊椎神経が枝を出している。馬尾神経はひげの塊《かたまり》なのです。馬尾神経が通って仙骨と尾骨まで来ているのですが、恐らく何億年前は、哺乳類はそこに脳の大きい塊があって、もうちょっと出っ張っていたはずです。いまはそれがだんだん退化して、脳の存在をなくしてしまいましたが、地球のエネルギーを受ける重要な部分があると思います。

スミソニアン博物館の恐竜の話や私の臨床経験を踏まえても、尾骨のあたりはただ単に馬尾神経だけの領域でなくて、人間をコントロールする要所だと考えざるを得ません。

亡くなった教授の話では、スミソニアン博物館では、「第2の脳（セカンドブレイン）があった」と書かれている。それは**背骨の一番下に松果体があったということなのです。**

原始松果体というより、**第2の松果体**と言ったほうが正しいかもしれません。

推測でしかないのですが、これがあるとすると、話が非常にスムーズに通ります。

第2の松果体は、あると考えるのが妥当でしょう。

いまの医学や科学でも、全部がエビデンスに基づいているわけではありません。

**退化して、脳が消えて、松果体の痕跡はないけれども、エネルギーだけは尾骨のところにあるわけです。**松果体とは、つまり、叡智を受け取る場所であり、エネルギーを受け取る場所なのです。

最近私は、叡智には2種類あると考えています。

いままでは宇宙からの叡智としか捉えていませんでしたが、「地球の叡智」もあります。それは地球ができてからいままでに蓄《たくわ》えられたアカシックレコード、地球の情報図書館であり、あらゆる生命体、過去も未来も含めたパラレルでいうとすべてのガイアという地球体に、知識、情報という叡智があります。

地球の叡智は想像以上に大事だろうと考えています。

## 多次元パラレル世界へはポータルを開いて選ぶだけ

例えばあなたが不安でいっぱいで毎日を生きているとします。あした生きていくお金にも困る状態で、老後はどうやって生きていったらいいのか。会社もリストラになりそうで生活が心配だ。どうやって食べていけばいいのかという自分が、いまここにいたとします。

しかし一方で、億万長者で何もしなくてもお金がどんどん舞い降りてくるような世界に生きている自分も、デューク更家さんみたいにモナコで裕福な生活をしている自分もいたり、過去でエジプトの王様だった自分も同時にシャボン玉宇宙の1つに、多次元自分宇宙にいるわけです。

パラレル自分宇宙でいうと、過去はエジプトの王様や女王だった、姫だったなど、いろいろあります。私もレムリアの女王でした。

**パラレル自分宇宙は無限大ですから、すべて持っているわけです。**

もしあなたが「過去世はクレオパトラだった」と言った時点でクレオパトラのエネルギーにつながります。

ただ、濃い、薄いはあります。

それはポータルが開きやすいかどうかの状態といえます。

## 多次元パラレル自分宇宙へのポータル

パラレル自分宇宙は無限数

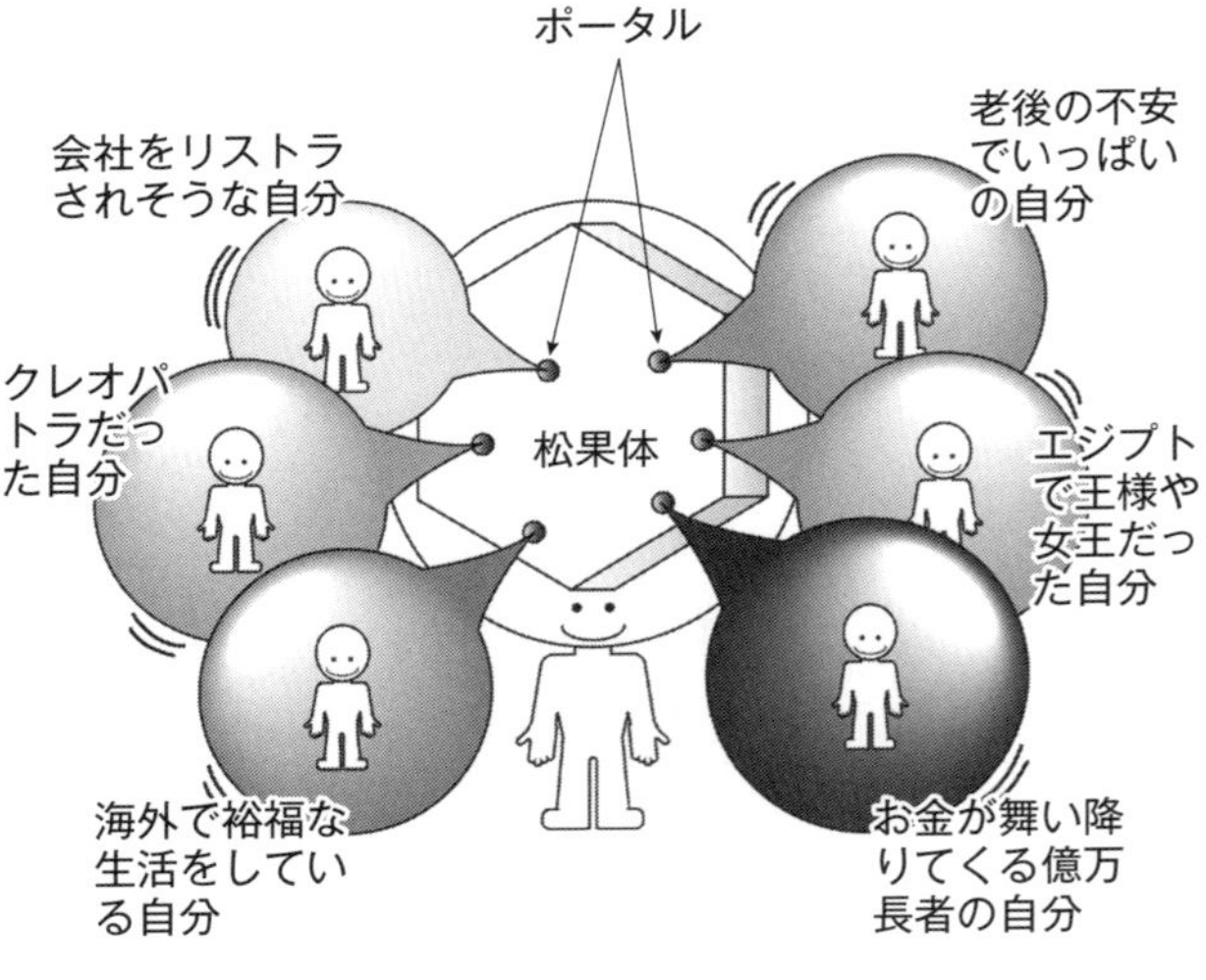

クレオパトラのシャボン玉宇宙は誰でも持っていますが、ほとんどの人はエネルギーグリッドが弱く、全くアクセスしていないという状態です。しかし、例えば「あなたはクレオパトラっぽいね」と言われた瞬間に、クレオパトラのシャボン玉に行くポータルが少し開くのです。

自分の過去世がクレオパトラなんてあり得ないと思っている人が、例えば占い師のところに行って、「あなたに、クレオパトラを感じるわ」と言われた途端に、完全に眠っていたクレオパトラのシャボン玉が生き始めて、扉が開きやすくなります。ロックが外れると言えばいいかもしれません。

普通は、松果体のシャボン玉のポータルはロックがかかっていますが、クレオパトラに意識を向けた途端にロックが外れます。

退行催眠などで、「クレオパトラのときを感じた」と言う場合があるかもしれません。寝ているときは脳が働かない状態になるので、ポータルが開きやすくなります。

その人の超潜在意識もしくは潜在意識の中に、自分はクレオパトラだと思わせられる自己意識や世の中の集合意識がある場合は、クレオパトラのポータルが開くのです。もしくは、占い師や退行催眠をかける人が、この人はクレオパトラっぽいと思うことが、相手の意識を開きやすくしたのです。いろいろな要素があります。だから、過去世のクレオパトラには誰でもなれます。**ポータルが開くか開かないかが大事です。**

私たちは誰でも、無限のシャボン玉宇宙を持っています。

無限の可能性というのはそういうことなのです。どんな自分にもなれます。いまお金がない自分でも、過去世は偉人であったとか、反対に奴隷だったとか、未来に関しても、億万長者になっているか、ホームレスになっているか、牢獄に入っているかというのも、**全部同時に存在していて、ただポータルを開いて選ぶだけです。**

## 多次元パラレル自分宇宙へはゼロ秒で移動できる

宇宙レベルの話で言うと、あなたも、いまここで10年後の自分になれるわけです。

たとえば、10年後の「億万長者の自分」がいるとするなら、もともとその自分が存在して成り立っている世界があって、そこに意識を乗りかえるだけなのです。

これがパラレル自分宇宙のしくみです。

本当はいまここでゼロ秒で乗り移れるのですが、地球にいると時間と空間があって、相当な大ヘンタイ化しないと、10年の軸を一気に埋めることは難しいのです。

普通の地球人のレベルで生きていると、1秒後に移ることも難しいでしょう。

本当はゼロ秒、いまなのです。

**ゼロ秒で、いま同時にこの瞬間に生じている無限数のパラレル自分宇宙に乗りかえることが一番いいのです。**

**いまここに存在している億万長者のあなたに変換すればよいのです。**

乗り移る時間がゼロ秒ということが大事です。

意識が固まった皆さんは、「先生、松果体のポータルが開くのには何秒かかりますか。

ポータルはいつ閉じるのですか。どうやって入るのですか。入ったら戻ってこられるのですか」とよく質問します。そういう読者がいっぱいいるので、それにお答えします。

**松果体が開いて閉じるのはゼロ秒です。**

**時間感覚はありません。**

**しかも、入るとか戻ってくるという感覚はなくて、ただその世界を選ぶ。**

**選んだだけで入ります。**

それが現象化するのは夢の世界です。夢の世界には顕在意識がないからです。

**未来生のパラレルや過去生のパラレルも松果体のポータルで移動します。**

将来のビジョンを見たとか、過去生のアトランティスに行ってしまったなどという場合がそうですが、寝ているときは脳は休むので顕在意識がオフになって、潜在意識も半オフになるのです。ただし、完全にオフにはなりません。

脳が半オフになると、ポータルがゆるんで開きやすくなる。そうすると、アトランティスやシリウスに行ったり、未来生に行ったりするのです。

松果体ポータルの扉

松果体が開いて閉じるのはゼロ秒。時間感覚はありません。ただその世界を選ぶだけ。選んだだけで新しいポータルの扉を移動します

しかし、地球にいると脳が働くから、「そんなことはあり得ない」と思ってしまうのです。ゼロ秒でいまの自分宇宙と違う自分宇宙に乗りかわることはあり得ないと思っているから、夢の中でせっかくパラレル自分宇宙に乗りかわったとしても無意識的に戻してしまうのです。

無意識というのは、潜在意識が少し入っています。半オフの潜在意識が戻してしまう。いまの世界に戻らないといけないという観念を持っています。だから、夢から覚めたとき

には戻ってしまうのです。


本来、**夢に入るときはポータルが開いて、移動するのも入る瞬間もゼロ秒です。**

向こうでいろんな夢を見ている間は、閉じてしまっています。

ポータルは向こうに移動した瞬間に閉じます。

夢の中でこの世界に行こうと自分で選びます。

夢の中で経験している数秒とか、数分の間は閉じているのです。

そのままパラレル自分宇宙にいればいいのに、恐らく潜在意識が不安なのでしょう。すぐに戻ろうと思ってしまいます。入ってきたポータルの扉は柔軟で動きやすくソフトになっているから、すぐ開いて戻れるのです。


でも、**本当はそのままパラレル自分宇宙にとどまることができます。**

例えば、夢の中で違う自分に入るとします。病気のない世界とか、自分の夢が実現した世界に入って、目が覚めても戻らなかったらどうなるのでしょうか。

地球人の感覚でいうと、もともとの自分は死んでしまうか、もしくはいなくなってしまうのではと思います。

でも、生きているのです。生き続けています。

ただ、意識中心をそこに置いていないだけです。

これがパラレル自分宇宙のしくみの大事なところです。

## 異次元パラレルに家族と一緒に移る場合

夢の中で乗りかわったパラレル自分宇宙には、あなたの家族も同じように存在しています。自分の意識中心はもとの次元にはなくて、異次元、多次元に入った自分の社会で家族とともに過ごしている場合もあるし、家族がいなくなっている場合もあります。

本当はパラレル自分宇宙に移ったら、家族は解放してもいいのですが、地球人は家族の絆《きずな》が強くて「一緒にいたい」と望む人が多いので、その場合は家族も異次元の宇宙に入ります。

パラレル変換しても家族とシャボン玉宇宙がしっかり重なっているというのは、家族も学びのために意識中心を一体に置いている場合が多いのです。

**自分の意識中心が異次元に入ってしまって、いまの次元が抜け殻になると、家族も相手が抜け殻になったというのがわかるので、仮の姿は存在するけれども家族も抜け殻になって、ほかに飛ぶ場合が多いのです。**

でも、家族もいままでと同じように意識中心を持って一緒にいたいという場合は、1つの方法があります。

自分が異次元のポータルのシャボン玉に入ったときに、家族に意識を向けます。究極の言葉として、「ありがとうございます。お喜びさまです。うれしいです。」という3つが宇宙と呼応するエネルギーなので、家族に意識を向けて、「ありがとうございます。お喜びさまです。うれしいです。」と唱えると、一緒に連れていける可能性が非常に高いのです。

反対にそれを家族が拒否した場合は、ついてきません。

異次元パラレルに家族がいたとしても意識中心がないので、姿があって一緒にいるという感覚はあるかもしれませんが、そこでは全く会えないか、もしくは全く違う人格になっているなどで交流することはないでしょう。

自分が望んで、同じパーソナリティーのまま、異次元でも家族と接したいという思いを投げかけて、相手がそれでいいよと意識上で受け入れた場合は、同じ関係性を維持できます。

そのケースを選ぶ場合は、地球次元でお互いが相当学び合っていないとダメです。けんかしていて、こいつはいなくなったほうがいいなどと思っていてはもちろんダメです。深い部分でお互いが必要だという認識があるのと、ないのとでは、全く違います。ここがスピリチュアルを学ぶ大きな意義です。**引き寄せの法則の弱点は、いい人ばかり寄ってくると思ってしまうことです。実は、学ばせるために逆も引き寄せます。**

だから、お互いに必要な人間だとわかっている場合は、異次元パラレルに移動した場合もプラスの関係性は保てるのです。

しかしながら、私は、家族にこだわらなくていいと思うのです。

異次元パラレルに移動したら、家族のそれぞれの魂の意識がそれぞれ向かいたいほうに行く。鎖がなくなるだけです。

## 「死」とは身体を脱ぎ捨てて「パラレル自分宇宙を選ぶ」こと

この概念は、「死」にも言及できます。

死ぬというのは、「身体を捨てる」ということです。

それゆえ、いまここの自分が持っている肉体を放棄《ほうき》して、パラレル自分宇宙の松果体のポータル、シリコンホールを通して多次元パラレル自分宇宙のどこかを選ぶことです。

**死ぬ＝パラレル自分宇宙の選択です。**

死ぬことは、身体を捨てて多次元パラレル宇宙を選択することなので、恐れる必要はないのです。

死は、皆さんが思うほど悲しいことではありません。

生と死の違いは、身体を捨てるか捨てないかです。

人間が生きていると常に選択を迫られます。例えばコーヒーを飲むか紅茶を飲むか、どんな洋服を着ていくか、昼食は何を食べるかなど、日々選択し続けます。

それは**パラレル自分宇宙を選択しているのと同じです。**

つまり、人間の言動は、常に0・00001秒基準、0・1秒基準、1秒基準で、パラレル自分宇宙の選択が連続しています。

死ぬというのはもっと大きいスケールの話で、身体を脱ぎ捨てて「パラレル自分宇宙を選ぶ」ということです。

そのときに家族はどうなるでしょうか。普通は、自分が異次元、多次元のパラレル自分宇宙のシャボン玉に入ってしまったら、家族はそのまま残ると思うので、置いてはいけないなどと思ってしまうのです。しかし、彼らも残っていません。

自分の意識は抜けているから、彼らも自由に飛び立つので、それがわかると、もっと楽に自由に生きられます。自分が死んでしまった後、どうしようと心配する必要はないのです。

## 人間をやり直すケースと高次元に行くケース

生きているときに、自分の課題がこなせなかった場合はどうなるのでしょうか。地球人にソウルインして、身体を持ち、社会の常識に縛られて、自分を進化・成長させるためにもがきに来たのです。もがかないと修正できないから進化・成長できない。もがくのに好都合だから身体を持っただけで、その課題をこなせて進化・成長して終わることが大事ですが、こなせて終われない人もいます。何でこんな人生だったんだ、生きる価値がなかったと悔いが残り、また人間をやり直しになります。

いずれにしても、死んだらまた意識中心が身体を脱ぎ捨てて、ほかの生き方をします。

身体がない生き方をするか、また、身体を持っていても、高次元の宇宙人のように、もう少し自由度の高い身体にソウルインするか、地球人みたいにガチガチの身体にもう一度ソウルインしてくるか、もっと不都合な、虫とか植物にソウルインするか、地球よりもっと低次元の低い文明に行くか、いろいろあります。

身体を持たない生命は、目に見えないエネルギー体です。

高次元シリウスBのようにエネルギーを高めれば、何となくオレンジ色、または水色とか、見えないエネルギーの世界です。

でも、自分でエネルギーを落とすことはできるので、半透明の身体で、彼らは遊ぶのです。半物質化するということです。

時間も空間もほとんどないので、自由に望みを実現する状態になります。そういう状態になるのは学びをこなした人です。高次元に行って、地球にはもどって来ません。

だから、**死ぬということはセレブレーションで、祝福で、しかも、お祭りです。**

つまり、次はどこへ行くかという生まれ変わりのお祭りです。

もうちょっと制約が少ないところに行くのか、それともあえて多いところに行くのかは、魂が必要とする方向に向かうので、善とか悪、ではありません。

死は、新しい旅立ちの祝福であり、身体を脱ぎ捨てるという儀式です。

だから皆さんが、どうして死を嫌がって避けようとするのか、私にはさっぱりわかりません。

それは宇宙生命体として考えたらおかしなことで、高次元の存在などはエネルギー体の身体でさえ、早く脱ぎ捨てたいと思っているのです。

皆さん、どうして身体にこだわるのでしょうか。

それは死への恐れがあるからなのでしょう。

死を恐れたり、死を免れようとすることはおかしいことです。
死を恐れている人は、地球に「死ぬことを学びに来た」はずです。

## ゼロ秒で走馬灯のように前生を見てしまうひみつ

先ほども述べましたが、多次元パラレル自分宇宙のシャボン玉に移動するときは、ゼロ秒です。戻るときもゼロ秒です。

難しい概念なので、別の例でも説明します。

例えば交通事故の瞬間がよくわかると思います。車にパーンとはねられて宙に浮いて、「自分は死ぬ」と思うその瞬間は、強烈な恐怖です。

死ぬ瞬間は、100%そこにいます。

**人間は、通常、いつも、「過去のこと」と「未来のこと」を考えて生きています。**

**過去のことと未来のことに99%以上の意識を費やして、1秒1秒生きています。**

しかし、交通事故のその瞬間は、過去も未来も考えていられません。

事故に限らず**人間が死ぬときは、生まれて初めて、１００％いまここに集中する瞬間です。そのときにポータルが完全に開きます。**

無限大のポータルが全部開かないにしても、かなりの数が開くのです。だから、死ぬ瞬間に走馬灯のように過去の出来事が見えるのです。

時間軸のパラレルで、10年前、30年前、50年前もパラレルです。いまここにある。その10年前の自分宇宙のポータルが開き、50年前が開き、１００年前が開いているから、走馬灯のように出てくるのです。

これは5秒ぐらいに感じると思いますが、ゼロ秒なのです。ゼロ秒で人生の出来事を映画のようにバーッと見せられるのです。そのときにゼロ秒で天国に入ったり異次元の世界に入って、例えば死んだ人のパラレル宇宙と交流したりします。

1秒でも時間が経過すると、脳が働いて必ず邪魔が入ってきます。脳の知識、情報、バイアスをはじめ、集合意識や常識、固定観念が入ってくるので、それらが入った途端に松果体のポータルが閉じます。**純粋に脳が本当に働かなくなる状態、「いまここである状態」とは、ゼロ秒しかないのです。**

地球上の時間は、脳に作用するので、1秒でも存在したら、脳の働きの影響を受けます。

ただ、それと違う状況が1つだけあります。

脳死です。脳死状態は本人の「意識がない」といいます。顕在意識はありません。海馬《かいば》という集合意識を司る器官や脳幹部は生きているので、潜在意識はちょっと生きています。言ってみれば、半覚醒状態、半潜在意識の状態で、夢を見ているのと同じです。

この状態ではポータルが非常にゆるんでいるので、不思議な世界の映像を見るのです。昏睡《こんすい》状態から返ってきた人は、いろいろな体験をしたといいます。

それはパラレル多次元宇宙を体験してきたからなのです。

## 奇跡はゼロ秒で起こる

奇跡について、おもしろい話をしましょう。

先日、ドクタードルフィン塾がありました。医療関係者、アーティスト、会社経営者などのプロフェッショナルが、エネルギーを上げるために勉強に来ています。

そこで私はよく奇跡を起こします。骨が曲がっている人の松果体を私がいじるだけで、身体にさわらずに、ゼロ秒で伸びます。筋肉が完全になかった人が、ゼロ秒で目の前で筋肉がパッと浮かびます。

おもしろかったのは、そこである女性が、「胸を大きくしてほしい」と手をあげました。きれいな方なのですが、確かにちょっとスリムです。ぜいたくな悩みですが、試しにやってみました。

終了すると彼女は「先生、ブラジャーの下で、エネルギーが動いたのがわかります」

と言うのです。確かにバストアップしています。さすがにバストトップはさわれないですが、確実に胸が盛り上がりました。

もう1つは、50代の男性で頭頂部がすっかり薄くなった人がいて、「髪の毛が欲しい」と言うのです。これは男性の究極の悩みです。確かに頭がつるんと光っています。

この男性の松果体を調整したら、瞬間的に黒くなりました。光っているところがなくなって、全体的にうっすら黒くなりました。この奇跡を見て、塾生はワーッと驚きました。

筋肉ができた人も、骨が伸びたお子さんも、バストアップした女性も、髪の毛が生えた男性も、変化はゼロ秒なのです。

ふつうは、徐々にそうなる、時間がかかるに決まっていると思うでしょう。

しかし、「骨が曲がっている自分」と「骨が伸びた自分」は、同時に多次元パラレル自分宇宙に存在しているわけです。バストアップの自分も、髪の毛の生えた自分も同時に存在していて、それを選んだだけです。

彼らは自分では選べないので、私が選ぶのをお手伝いしました。


**プロセスが入ったら、ゼロ秒ではありません。**

**奇跡はゼロ秒でしか起きません。**

ジーザス・クライストが起こした変化も同じことです。

**ゼロ秒でしかパラレル変換は起きません。**

これは松果体のシリコンホールを使っているのです。

だから、成功したいと思う人間は、成功した自分が「すでに存在している」ことを認識して、アクセスさえすればいいのです。プロセスは要《い》りません。

\ point /

◆私たちは1つから発生したのではなく、個別から発生した自分宇宙という存在。

◆魂に誕生や終わり、古い、新しいなどはなく、すべてゼロ歳ゼロ秒「いまここ」です。

◆多次元パラレル自分宇宙との出入り口は松果体のポータル。

◆あなたには常に、無限数のパラレルがある。

◆多次元パラレル世界への移動はポータルを開いて選ぶだけ。

◆多次元パラレル自分宇宙へ乗り移るのはゼロ秒。

# 第2章

# 多次元パラレル自分宇宙への移動／望む自分の選び方

## いまここの時間軸と空間枠の組み合わせ

最初に述べたことですが、もう一度復習します。パラレル自分宇宙には「時間軸」と「空間枠」という2つの指標があって、「いまここ」が自分が持っている自分宇宙です。

その1秒先の宇宙は全く別の宇宙です。シャボン玉が違うからです。

1秒後は、現在のシャボン玉宇宙がそのまま経過すると思われていますが、この本ではその考えを打ち破りたいのです。

いまここでゼロ秒で体験している自分宇宙と、1秒後にあなたが体験する自分宇宙は全く別のシャボン玉です。

**だから、1秒後は変えられるのです。**

違うシャボン玉宇宙を選べばいいのです。

**過去においても、1秒前のシャボン玉宇宙は全く別です。**

**だから、過去も変えられるのです。**

いまここのシャボン玉宇宙を、1秒後または1秒前のシャボン玉宇宙とエネルギーグリッドでつなげているだけなので、乗り換えてしまえばいいのです。

空間枠に関しては、いまここにいる自分と、1メートル前にいる自分と、1メートル後ろにいる自分は、シャボン玉宇宙が全く違います。

例えば、いま自分が立っているときの宇宙空間のシャボン玉と、1メートル先に移動しただけで、シャボン玉宇宙が全部入れ変わります。

壮大なストーリーです。移動するということは、それぐらい大きいことなのです。

また、思考によっても違います。例えばあなたが椅子に座っていて、悲しいと思っているのか、またはうれしいと思っているのかで、1秒後に描くシャボン玉宇宙は全く違ってしまいます。

常に選択しているというのは、そういうことなのです。**存在するシャボン玉宇宙が違うのです。思考だけでも変わるし、時間でも違っているし、空間でも違います。いま存在しているシャボン玉宇宙はそれらの組み合わせなので、無限数の組み合わせがあります。**

例えば、高校野球の試合も、あなたがいつもの場所で見ているのと、1メートル先で見ているのでは、試合結果が変わります。自分宇宙が違うからです。

1人だけでは影響する力はちょっと弱いのですが、100人がパブリックビューイングで見ていたら、100人の集合意識は大きなエネルギーになるので試合の結果を変えてしまいます。

また、日本のほぼ反対に位置する南米のパブリックビューイングで100人で見る場合は、結果は変えられないと思っているでしょうが、変えることができるのです。

パラレル自分宇宙にはそういうおもしろさがあります。

## いままでのパラレルセルフとの違い

多次元パラレル自分宇宙は、これまでの本が説いてきたパラレルセルフとはだいぶ違っています。

パラレル自分宇宙のパラレルは、石である自分もあるし、植物である自分も、動物である自分も、昆虫である自分も、微生物である自分もある。微生物の中でも種類が違う微生物のパラレルがあるし、昆虫でもいろいろな種類があります。自然で生きている昆虫、虫かごの中で飼育されている昆虫、バクテリア、細菌、ウイルス、すべてあるということです。だから、無限大の数なのです。

また、人間で、あらゆるプロフェッショナル、あらゆる立場、あらゆる年齢の人間であることもあるし、過去生もあるし、未来生もあります。

いままでの本のパラレルについての解説は、一部分のことしか書いていません。

無限大の中の2、3を書いているだけで、そんなものはパラレルのダイナミックのおもしろさに全く触れていません。

自分がハッピーな虫かもしれない。ハッピーな微生物かもしれない。アンハッピーな微生物かもしれない。100年前のパワーストーン、川のせせらぎにいた石かもしれない。1000万年もたって、家の柱にされている石かもしれない。時間がたつとまた変わるし、時間が同じでも、たくさんの種類があります。ありとあらゆるということです。ウイルスの自分などは、そこまでは自分のビジョンに浮かばない世界だからポータルが開きにくいのですが、望めば行けます。どうぞご自由にです。

私の診療所にはたくさんのパワーストーンがありますが、その中でもいくつかあるドルフィンの彫刻のパワーストーンには特別な愛着があります。

私が気になっているということは、彼らにも意識があります。

家に置いてある茶色の陶器のドルフィンは、私が超過去生で、1000万年前に高次元シリウスBから半透明のスーパーレムリア時代に地球に入ったときの形を再現したものです。

米国のオークションサイトで「レムリアン・ドルフィン」の商品名で売られていた、作者不明のものです。

陶器のドルフィンは私の意識を持っていますが、その意識と今の私の意識とは違います。今の私と絡んではいますが、今の私ではありません。

ただ、形がそこにあるということで、私の超過去生のエネルギーも乗っているので、私が選んでいない、私のパラレルのエネルギーは乗っているのです。

だから、私がドルフィンの陶器になることはできるわけです。私の存在のエネルギーは乗っているので、選ぶことはできますが、いまは選択していない、体験していない私のエネルギーが乗っているので、選択しないとダメです。**意識中心は1つにしか、おくことができません。**

レムリアン・ドルフィン

意識中心はエネルギーの大もとであって、クルクル回っていて、無数にあるらせん波エネルギーの中で自己の魂意識が選んでいるものです。

それは振動数で、数値化される世界です。

宇宙現象の中で最も高いエネルギーは、無限大へツルの世界であるゼロポイントであり、数字にできません。意識の発生直後だから、純粋で乱れが全くありません。存在するだけでぷあぷあしていて、それでいいんだという世界です。

## 多次元パラレル自分宇宙は、過去→現在→未来ではない

100年前はいまより人口がずっと少なかったので、多次元パラレル自分宇宙も少なかったのではないかという疑問を持つ人がいるかもしれませんが、そうではありません。無限大です。

100年前も、100万年前も、1京年前も、パラレル自分宇宙の数は無限大で変わ

りません。数字ではないのです。

つまり、**人口は少なかったけれども、1人のポータルは無限大個あります。**

1万人いたら、1万人のパラレルストーリーの舞台があるわけで、100人だったら100人のパラレルストーリーしかないというだけです。


例えば、人口が少なくて日本に1000万人しかいない時期があったとします。

そして、その瞬間にも人口1億人のパラレルがあります。日本が無人島で自分だけがいるパラレルもあります。無限大というのはそういうことです。地球が全く存在しないというパラレルもあります。パラレルとは壮大なことなのです。

でも、一般的に書籍で出回っているのは常識と固定観念の世界だけのパラレルなので、ものすごくつまらない。移行可能な世界だけです。


パラレルには1億年前や、1京年前というのもありますが、**多次元パラレルには、本当は時間という概念はありません。**私たちは、地球に来たから時間軸を見せられているだけなのです。だから、過去→現在→未来という時間の流れになっているのです。

大宇宙のエネルギーグリッドは、過去に行ったり、また過去から戻ったり、未来へ行ったり、未来から戻ったり、自由に行けるのですが、地球に来たから、過去から未来に流れていく1つのコースだけを見せられているのです。

本当は、同時にすべて持っています。

## 望む自分は、すでに存在している

何度も述べましたが、**望む自分はすでに存在しています。**

**望まない自分も存在しています。どちらでも選ぶだけです。**

望む自分が存在しているということが大事であって、望まない自分も存在しているということも同じぐらい大事です。

望まない自分になるということは、あなたの意識が望まない自分を選んだだけです。

だから、いま、あなたが苦労しているとしたら、あなたがもがきたいからです。

脳は「こんなほうに行きたくなかったのに、間違って選んじゃったよ」と後悔するのですが、それは脳が、顕在意識と潜在意識が思っていることで、本当は超潜在意識はもがきたかったのです。


**魂の宇宙意識である超潜在意識が選んだのです。**

**魂は間違った選択はしません。魂はいい方向にしか進もうとしていません。**

**もがいていて間違った、失敗したと思うことも、すべて魂の正解です。**

**あなたは、魂が望むことしか選んでいません。**


あなたがもがくことを選んだのは、「もがくことからしかあなたは成長できない」と魂は知っていたからです。あなたの人生で、一回もがく必要があるのです。

もがいたときに、自分は何か気づいたり、学んだりするわけです。

もがくことから学ぶ段階が終わると、次は自分が望む世界で成長できます。

人生はそういうことなのです。

そのしくみがわかったら、**人生をコントロールできるようになります。**

望む自分はすでに存在していて、それを選べばいいのですが、選べない人は、自分の選択が間違いだったのではなくて、選ばされたところが自分には必要だったのです。

魂的には、自分の人生に間違いは1つたりともありません。

全部正解です。

だから、どうぞ安心してください。

そして、自分を責めることはやめてください。

望むところに行くには、まだもがく段階が必要だったということで、すぐには行ける段階でなかったのです。

## 望む自分の選び方①／完璧だと受け入れる

では、どうやって望む自分を選んだらいいのか。その答えはかんたんです。

あなたが望むことをやるだけです。

しかも、いまここの自分を否定しないで、「全部完璧だ、これでいいのだ」と受け入れる。これはまさに魂の王道であって、人から変だとか、変わっている、バカだと言われても、これは失敗しそうだと思っても、**自分はいまここで完璧だと受け入れることで、いずれ自分が望んでいる方向に必ず行けます。**

なぜかというと、脳が望んでいるということは、あなたの人生のイベントに入るべき事柄だからなのです。

魂がソウルインしたときに大まかなシナリオを選んではいますが、集合意識のさまざまなバイアスが入ることで、望む世界が変わってきます。

最初に望んでいたシナリオどおりではないことも起きてきます。

しかし、それは書きかえられます。

いままでの私の本にも書いてきましたが、生きていることによってＤＮＡに書き加えることができます。生きていれば、途中で新しい望みが出てくることもあります。

ただし、いまここを否定していたら、書き加えられません。

これが人生を書きかえるヒントです。

## 望む自分の選び方②／何となくゆるく

いまここを受け入れた上で、自分はこうなるという望みを何となく持っていればいいのです。大事なのは「何となく」というゆるさです。

ガチガチになって、こうなるべきだと執着したらダメです。

何となく望みを持っていたら、一番いい方向に持っていってくれます。

その場合、自分が思っているのと違う現象が起こる場合もあります。

それも完璧だと受け入れるのです。

それは自分の望む方向に行くために必要なものなので、最終的に望んでいるところに行きます。抵抗して否定したら途切れてしまいます。


いま、私の人生が望む方向に動いているのは、この本で述べていることを実践してきたからです。いままでは「強く望むとかなう」と言われてきましたが、それは宇宙の原理ではありません。

「強く望む」には正しい部分もありますが、強いという意味が違っているのです。

何となく思っていて、「絶対に行く」と知っていることが強い。

「ゆるんだ強さ」と「固まった強さ」は違うのです。


**固まった強さは執着なので、宇宙はあなたが望む世界を見せてくれません。**

自分が考えているシナリオと違う経路を見せてくれることが多いのですが、固まった強さは「こうでなければいけない」ということで、せっかく見せてくれた現実を無視してしまうので、だいたい破綻《はたん》します。

「ゆるんだ強さ」は、最終的には望む世界に行くと知っているので、それまでの経過は全部許して受け止める。これがいままでの本にはないキーポイントです。

固まった強さで成功するのなら、みんなハッピーになっているはずですが、現実はそうではありませんよね。それは宇宙の本質ではないので、スピ難民（スピリチュアルを学べば学ぶほど、もがく人々）、ガチスピ（こうでなければ、というガチガチのスピリチュアル）をつくるのです。

## 引き寄せの法則vs超潜在意識

いまの引き寄せの方法は、宇宙が本当に伝えたがっている原理とかなりずれています。

かなりゆがんで伝わっています。真理でなくなって伝わっています。

**魂（Ｂｅｉｎｇ）の意識は、常にこの瞬間、ゼロ秒において、自分の魂の意識エネルギーの乱れを修正して、それを進化・成長させる絶妙の最高傑作の体験しか選びません。**

つまり、「いま私はいけてない、引き寄せていない」と思っている状態が、この瞬間、ゼロ秒では最高傑作ということになります。

**引き寄せの本を何冊読んで実行しても、しなくても、すでに引き寄せているのです。**

魂（Ｂｅｉｎｇ）の意識はその瞬間で超潜在意識で選んでいます。

だから、「いけてない」と思う自分を最高傑作として選んでいるわけです。

例えば引き寄せの法則の本を読んだり、講演会セミナーに行って学んだら、いけてる人と出会った。やっぱり引き寄せの勉強をしたからよかったと思える人もいれば、本も読んだし勉強会も行ったのに、理想とはまったく違う人が寄ってきて、頭を抱えている人もいます。

前者が善で、後者が悪と思うかもしれません。その中間で、どっちでもないような人を引き寄せた人は、引き寄せの力が弱かったと思うでしょうが、それはすべて善で、あなたが必要としているものを引き寄せているのです。

**引き寄せの法則は学ぶものでなく、これから取り入れようというものでもなく、受け入れるだけです。**

**引き寄せの法則は、あなたが存在したときからすでに100%起動しています。**

学んだらガチガチになるか、いっそう執着するようになってしまいます。

「そんなものを学ぶな、引き寄せの本はすべて捨てろ」と言いたいと思います。

## 望む自分の選び方③／脳で望まない

脳で望むことは、あなたがいままで、親、兄弟、学校、社会で教わってきた常識、固定観念による顕在意識、もしくは自分の意識が介入しない社会、自分の周囲、過去も未来もパラレルも全部含めた社会の集合意識の常識、固定観念による潜在意識、その2つによってつくられた思いです。この思いは実現しません。

なぜかというと、あなたの魂、大もとが望んでいる超潜在意識＝宇宙意識、つまり、潜在意識も顕在意識もない、脳を使わない「脳ポイした状態」こそが、魂の願いは100％確実に実現するからです。

多次元パラレル自分宇宙を習得するに当たって大事なことは、**あなたの脳の望むことは実現しなくていい、あなたに一番必要なのは、あなたの魂の意識が望んでいることという宇宙の掟《おきて》です。**

脳で望んでいることは、通常あなたを進化・成長させないと考えたほうがいい。

脳で望むことと、あなたの宇宙意識、魂意識が望むことは違っています。

イコールではありません。これが地球人への大事なメッセージです。

**脳を使っている状態は、ポータルの扉を固くしてしまうのです。**

脳のエネルギー回路で知識、情報の顕在意識、潜在意識、こうでないといけない、こうならなければいけないという思考は、ポータルを閉めてしまいます。

だから、何も考えなくていいのです。望みは捨てて、いまここのあなたは完璧であって、過去においても後悔することはないし、将来においても不安に思うことはない。いま学ぶことは何もない。引き寄せることも何もない。

いまここをあなたの魂意識はすでに選んでいるのだから、すでに知っているのだから、いまここをそのままで完璧だと生きるだけです。

そうしたら、あなたのポータルは完全に開いて、ある瞬間にあるパラレル自分宇宙に飛べます。

そうすると、「魂意識が望んでいることを私は知りたい」という質問が出ると思います。それはあなたがただ単にぷあぷあと楽で愉しくいて、自分は完璧だ、何も学ばなくていい、何も引き寄せなくていいと思ったときに、何となくビジョンに浮かぶ自分です。

ゆるい感じで「こうなりたいな」と思うものがあなたです。

そこには自分のエゴもなく、ただ楽で愉しくいて、例えば太陽を浴びて砂浜にいたり森林浴をして、海や木のにおいをかいで、楽で愉しい時間を過ごして、そこで何となくこうなれたらいいなと思うことが、あなたの魂意識が望んでいるものです。

それでポータルが開きます。


地球では、いまここの瞬間に、望みは実現しません。

地球には時間軸があるので、実現はあしたかもしれない、1年後かもしれない、10年後かもしれない。その人の進化度によります。

そのためには、外から学ぶことはないのだ、引き寄せることもないのだということを知って、いまここを生きていたら、必要なタイミングで、必要な環境で、必要なことが起こります。ポータルが開き、パラレル自分宇宙に飛べます。

## すでにパラレルを選んでいると受け入れる

もう1つ大事なのは、**多次元パラレル自分宇宙は、ポータルを開いて乗り移ろうとして行くものではありません。**結果として感じるものです。

逆に、ポータルを開いて乗り移ろうとしたら行けません。

それは、**乗り移ろうとした時点で脳を使うからです。**

結果として、乗り移っていると感じるものです。

高次元シリウスBだと、億万長者になるというポータルに入ったときに、すぐ億万長者の環境ができます。周囲も「億万長者さん」と挨拶《あいさつ》してくれます。

地球だと、億万長者のポータルに入っても時間軸があるのですぐに変化があるのではなく、徐々に変わっていきます。

「あなた、最近お金持ちっぽいわね」とか、「あなたに寄附しよう」、または「あなたを応援しよう」という人間が現れたり、あなたを応援する環境に変化していきます。

そして、いつの間にか、私はパラレル自分宇宙が変わっていたということに気づかされます。これが大事です。

そうでないと、「この本を読んだけど、体験が何も変わらないのです。同じ両親がいて、同じ旦那がいて、私はいつもどなられて、お金はいつまでたってもないし」と言う人が出てきます。

そうではなくて、パラレル自分宇宙に入ると、いつの間にかパートナーがやさしくなったり、いつの間にかあなたにお金が降り注ぐ。いつの間にか周囲の人がサポートするようになります。

そのためには、**ブレないことです。**

**私はこれでいいのだ、何も変わっていなくても、地球には時間軸があるから、いま変わりつつあるんだと受け入れて、何も変えない、何も引き寄せない。**

いまここをぷあぷあして生きることで、いつの間にかあなたのシャボン玉宇宙が移動していることに気づくでしょう。

何かを変えないといけない、引き寄せないといけないというのは、閉ざされたクローズド地球人です。このままでいいんだ、私は常に最適な自分を選択していて、いつか自分宇宙を乗り移れるんだとわかっている人はオープン地球人です。

クローズド地球人は、松果体のポータルが永久に閉まっています。

意識の持ち方で生き方が完全に変わります。

簡単なことです。真理は簡単なところにあるのです。

いまのままで自分はすでに最適なパラレルを選んでいるんだと受け入れることで、ゆるんでポータルが開きやすくなります。「このままでいいんだ」と思って生きていれば、楽で愉しい状態になり、自分がなりたいところに行くのです。

「なりたい」と思うということは、あなたはいま苦しいのです。お金がないとか病気がある、人の助けが欲しいという苦しい思いがある。

いまあなたが「楽で愉しくない」のに、振動数のさらに軽い次元へは行けません。

「楽で愉しい自分はここだ」と生きていると、自動的に行きます。

私はまさにそれを実践しています。

## いまこの瞬間に、ただ選ぶだけ

結局、あなたが選ぶだけなのです。

努力して我慢《がまん》するプロセスの世界は必要ありません。

宇宙の叡智のサポートを得るとき、松果体のポータルは、パラレル自分宇宙のシャボン玉への入り口になります。これを私はブラックホールと呼んでいます。

松果体のポータルにはもう1つ役割があって、宇宙のゼロポイントからの大もとのエネルギー、宇宙の叡智、自分に必要なことをサポートするすべての知識や情報が入ってくる入り口でもあります。これを私はホワイトホールと呼んでいます。

同じ穴ですが、**シャボン玉自分宇宙に行くのはブラックホールで、叡智がおりてくるのはホワイトホールです。**

ブラックホールやホワイトホールは、努力と我慢をしたら、閉じてしまいます。

どういうときにブラックホールやホワイトホールのポータルが完全に開くかというと、「楽で愉しい」状態です。

一方、努力、我慢は正反対です。そこが落とし穴です。

人生で仕事や家族・夫婦関係、恋愛などで努力や我慢ばかりしていると、ポータルは閉じたままなので、世の中にあるサポート、人のサポート、社会のサポートしか受けられません。自分の大もとの宇宙のサポートは受けられずに、自分以外の意識たちのサポートしか受けられないのです。

それでも、ある程度うまくいくことはあります。でも、彼らの意識が変わったら成功は失敗に変わります。どういうことかというと、その成功は、彼らの意識で動かされたものなので、彼らの意識次第で結果が大きく変わってしまうのです。

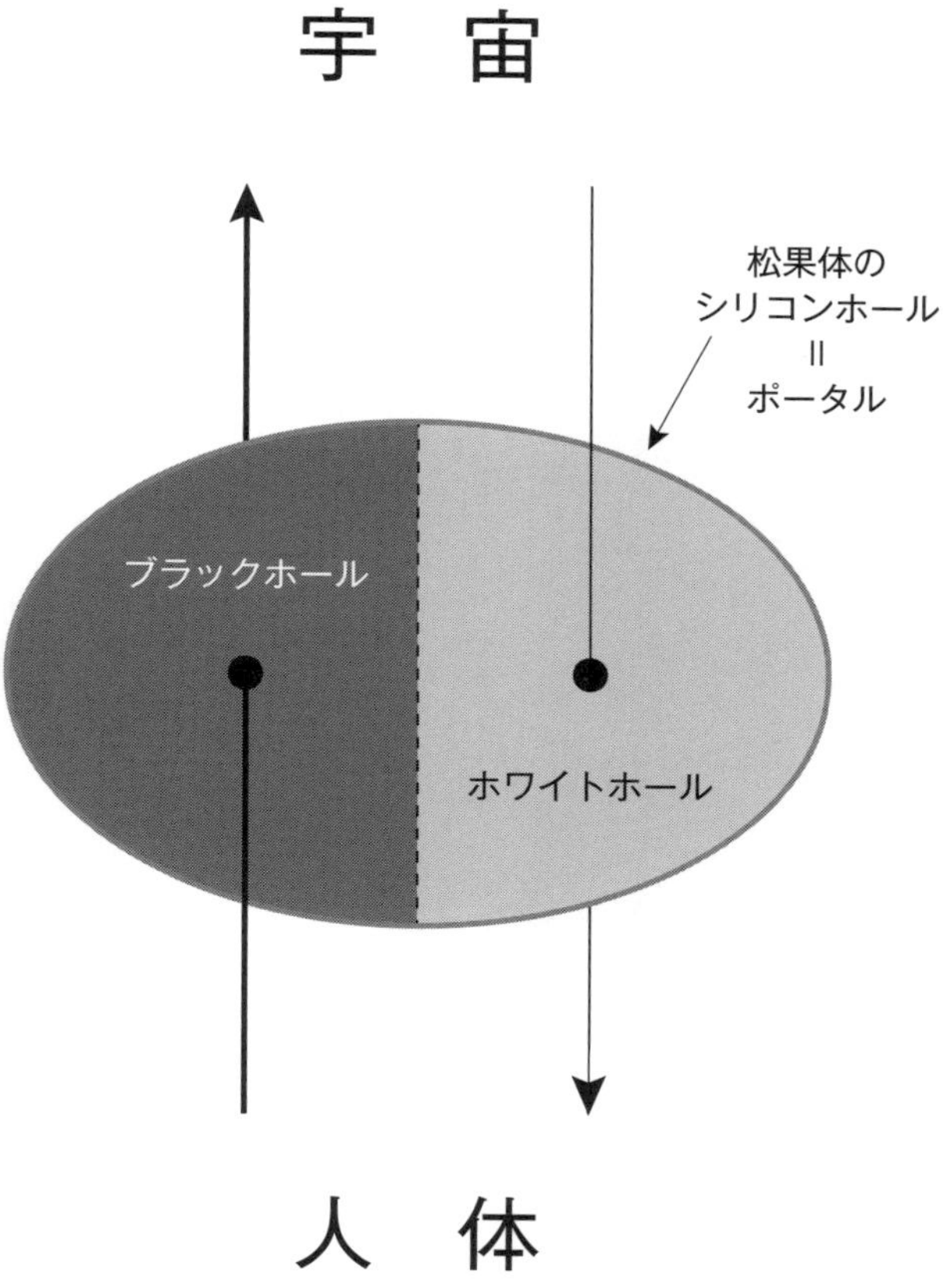


シャボン玉自分宇宙に行くのはブラックホールで、
叡智がおりてくるのはホワイトホール。

しかし、**自分の宇宙から来ているサポートによる成功は、どんな状況であっても成功します。**これが大きな違いです。

「この瞬間に選ぶだけ」というのは、自分のポータルから叡智が入ってきているときに、ゼロ秒で自分はこうなると思えばいいだけなのです。

プロセスがないので時間は要らないし、ゴールもありません。

選ぶときは、自分が最も楽で愉しいと感じるものを選べばいいのです。

地球人は、どれを選んだら自分に一番お金が入るかなとか、自分が一番得するかなとか、そんなことで選ぶから宇宙の叡智と離れるのです。

**宇宙の叡智はあなたに必要なことを全部知っているから、一番いいものを勝手に選んでくれます。**

「楽で愉しい」は叡智につながった感覚です。

自分が選ばなくても、楽で愉しい状態にいたら無意識に選ぶということです。

「自分にとって最善なものを、どうやって選べばいいですか」とよく聞かれますが、選ばなくていいのです。

ただ漠然とこうなりたいという気持ちだけ持っていれば、あとは、その瞬間、最良のところを無意識に選んでくれます。

\point/

◆多次元パラレル宇宙には、時間や空間という概念はない。

◆望む自分はすでに存在していて、同時に、望まない自分とともに存在している。どちらも選ぶだけ。

◆いまここを受け入れた上で、ゆるい感じで「こうなりたい」と望む。

◆脳を使わない「脳ポイした状態」こそが、魂の願いを１００％実現させる鍵。

◆ポータルのブラックホールとホワイトホールは、「楽で愉しい」状態において完全に開く。

第3章

# 多次元パラレル自分宇宙と振動数

# 多次元パラレル世界の性質は振動数の違い

この章では、多次元パラレル自分宇宙であるシャボン玉宇宙の世界とは何なのか、何が違うのか。この点を説明します。

まず、**存在している振動数が違います。**

つまり、自分のエネルギーの振動数が違うということです。

例えば、お金持ちであったり、名声がある自分と、反対に、お金がない、いい仕事にも巡りあえないなどの自分とでは振動数が違います。

**自分の世界においても、さまざまな振動数を持つ自分が存在しているわけです。**

だからこそ、どのパラレルを「選択」するかが大事になってくるのです。

もう1つ大事なのは、高次元松果体のポータルには無限大の数のシャボン玉がありますが、あなたの意識にビジョンで思い浮かぶなら、それは、自分の振動数から意外と近いところにあるのです。

**自分の振動数と全くかけ離れている世界は、ビジョンに浮かぶことはありません。**

自分の振動数というのは自分の意識中心です。意識中心から近いところにあるということは、ポータルが開きやすいということです。

反対に意識中心から遠いとポータルが開きにくいのです。

振動数を変えるには、自分の宇宙の叡智を尊重し、「これでいいのだ」と受け入れて、楽で愉しく生きていたら、振動数はどんどん上がっていきます。

反対に、こうでなければいけないと思いが強すぎたり、自分ではなく周囲にばかり意識を向けていたら振動数を下げます。

**あなたが何を思い、どんなふうに生きているかによって振動数が違っているし、無意識に選ぶ多次元パラレル自分宇宙が変わってくるということです。**

## 振動数アップがパラレルのポータルを開く

あなたが理想の人生を手に入れるためには、振動数を高めていくことが早道ですが、そのためにはいったいどうすればいいのでしょうか。

自分のなりたい姿、望む姿を何となくゆるんで持っておいて、あとは「これでいいのだ」と、瞬間瞬間に起こることを受け入れていくことです。

そうすれば、振動数は自然に上がっていきます。

振動数を上げるためのメソッドやいくつかのステップ、また、毎日○○を唱えましょう、書きましょうなどという、さまざまなノウハウが巷《ちまた》にあふれていますが、このような面倒くさいことを皆さんは、本当はやりたくないのではありませんか。

はじめの2、3日は続くかもしれませんが、長くは続かないでしょう。忙しい現代ではほかにやることがたくさんありますから、そんなことはできないのです。

だから、私が提唱する世界が大事なのです。

宇宙の叡智を受けると振動数がどんどん上がっていきます。

開けられるパラレルのポータルは、振動数によって違います。

振動数が高くないと開けられないポータルがあるのです。ガチっているプロセスとゴールの世界だと振動数が低いので、それに応じたポータルしか開けられない。

地球人は努力と我慢のプロセスが大事だと子どもの頃から教えられてきているので、振動数の低いポータルしか開くことができないのです。

でも、私の本を読んで振動数を上げた人は、それに対応するポータルを開けられます。

それこそ、飛び抜けるのです。

そのひみつをお伝えします。

**ポータルを開く振動数があるので、自分の振動数を上げれば、自動的に開かれます。**

何となくゆるんだ自分を設定していて、自分を常に受け入れて生きていたら、魂は必ずそこに向かうから、必要なときに勝手にポータルが開くのです。

いつ開いたのか知る必要はありません。

毎秒毎秒、開く、閉じる、を繰り返しているから、その瞬間、常に自動的に開いたり閉じたりしているということが大事です。

あるとき、「開け！　ゴマ」で開かれるのではありません。

## 宇宙と地球の両方につながってください

９３６ヘルツは松果体を活性化するソルフェジオ周波数です。ソルフェジオ周波数というのは心身を癒《いや》す効果があるといわれています。そして、地球と共鳴する、グラウンディングする（地に足をつける）シューマン振動数は７・８ヘルツです。

あるとき、私は何か気になると思って、９３６を７・８で割ってみたのです。

そうしたら、１２０という答えが出ました。

私は120という数字が現れたとき、松果体が一気にピピッと弾《はず》んでしまって、「これだ！　私は振動数の謎を解明した」と思いました。

7・8で割ってみるというひらめきも私が違うポータルに飛んだからでしょう。

このように日常の中で瞬間的に飛ぶときがあります。

この振動数からずれていたら、地球にも宇宙にも完全にはつながりません。

地球とつながるには、7・8の倍音でなければダメなのです。

そして、宇宙とつながるには、936の倍音なのです。

つまり、936は120で割り切れて7・8になるのだから、936の倍数でいけば、人間は宇宙にも地球にもつながるということです。

しかし、7・8の振動数で地球とつながっていても、どこかでチャクラが乱れて936が乱れていると、宇宙とはつながりません。

「地球とはつながっていても、宇宙とつながっていない」そういう人がいっぱいいます。

元気には生きているけど、「何をして生きていけばいいのかわからない」という人です。

逆に、宇宙とつながる936の振動数の倍数で生きているけれども、地球とつながる7・8で乱れている人は、生きがいはいっぱいあるし、宇宙とつながっていますが、「不安でしょうがなく、生きていく元気がない人」です。

私は、その途中の方程式を考えて、チャクラの基本振動数を世界で初めて数字化しました。これを説明していきたいと思います。

**宇宙とつながるためには、936振動数の倍数でアップさせていくのです。**

つまり、936の2倍、3倍、100倍、1000倍、1万倍、1億倍とどんどんアップさせていけば、ゼロポイントにつながりますが、地球で存在するには、7・8の倍数で地球とつながらないとダメなのです。

## チャクラと基本振動数

第7チャクラ　約950ヘルツ（936＝7・8×120）
第6チャクラ　約850ヘルツ（858＝7・8×110）
第5チャクラ　約750ヘルツ（780＝7・8×100）
第4チャクラ　約650ヘルツ（663＝7・8×85）
第3チャクラ　約550ヘルツ（546＝7・8×70）
第2チャクラ　約450ヘルツ（468＝7・8×60）
第1チャクラ　約400ヘルツ（390＝7・8×50）

地球で7・8の倍数で生きるために、私が生み出したテクニックをご紹介します。
まず、**自分に感謝するのです。**

**ハートチャクラを意識して、「自分に感謝」と言います。**

そのいっぱいのエネルギーを下におろすように意識して、次に第2の松果体のところ（尾骨あたり）を意識して、「地球に感謝」と唱えます。

その後に地球に向かって「ありがとうございます。お喜びさまです。うれしいです。」と言うことで、地球からエネルギーがたっぷり注がれて、第2の松果体、そしてハートチャクラまでを7・8の倍数にすることができます。

次にやることは、ハートチャクラをもう一度意識して、「自分に感謝」と言った後に、心の中でも、口に出してもいいですから、脳の松果体を意識して「自分は完璧だ」と唱えます。

「自分はすべて大丈夫だ」というのは、第1、第2、第3チャクラをつなげます。

「自分は完璧だ」というのは、第5、第6、第7チャクラを整えます。

「自分は完璧だ」と言った後で、宇宙に向かって「ありがとうございます。お喜びさまです。うれしいです」と言うと、ハートチャクラから脳の松果体を宇宙の936ヘルツ

## チャクラと基本振動数

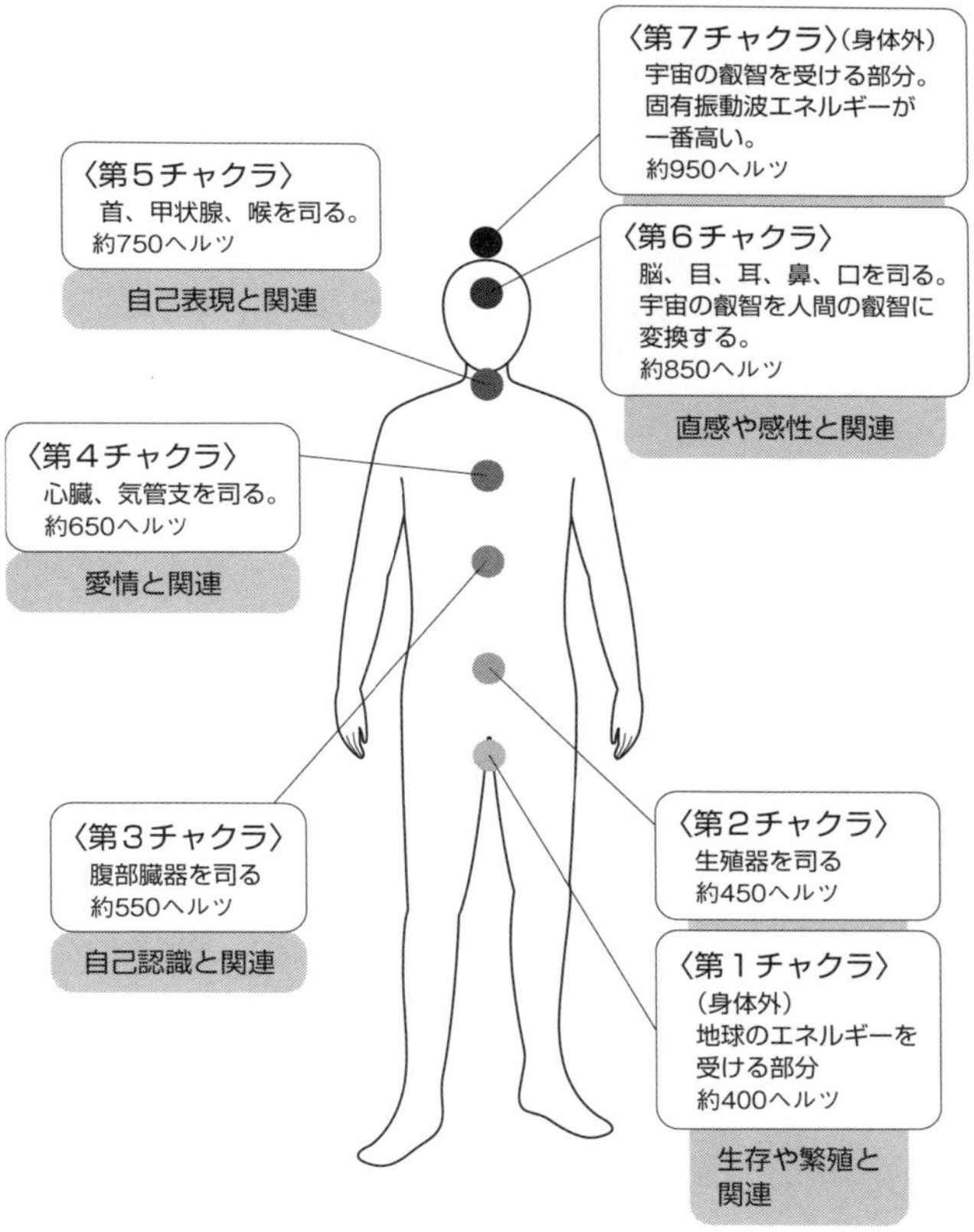
〈第7チャクラ〉（身体外）
宇宙の叡智を受ける部分。
固有振動波エネルギーが
一番高い。
約950ヘルツ
〈第5チャクラ〉
首、甲状腺、喉を司る。
約750ヘルツ
自己表現と関連
〈第6チャクラ〉
脳、目、耳、鼻、口を司る。
宇宙の叡智を人間の叡智に
変換する。
約850ヘルツ
直感や感性と関連
〈第4チャクラ〉
心臓、気管支を司る。
約650ヘルツ
愛情と関連
〈第3チャクラ〉
腹部臓器を司る
約550ヘルツ
自己認識と関連
〈第2チャクラ〉
生殖器を司る
約450ヘルツ
〈第1チャクラ〉
（身体外）
地球のエネルギーを
受ける部分
約400ヘルツ
生存や繁殖と
関連

## シューマン振動数で生きるテクニック

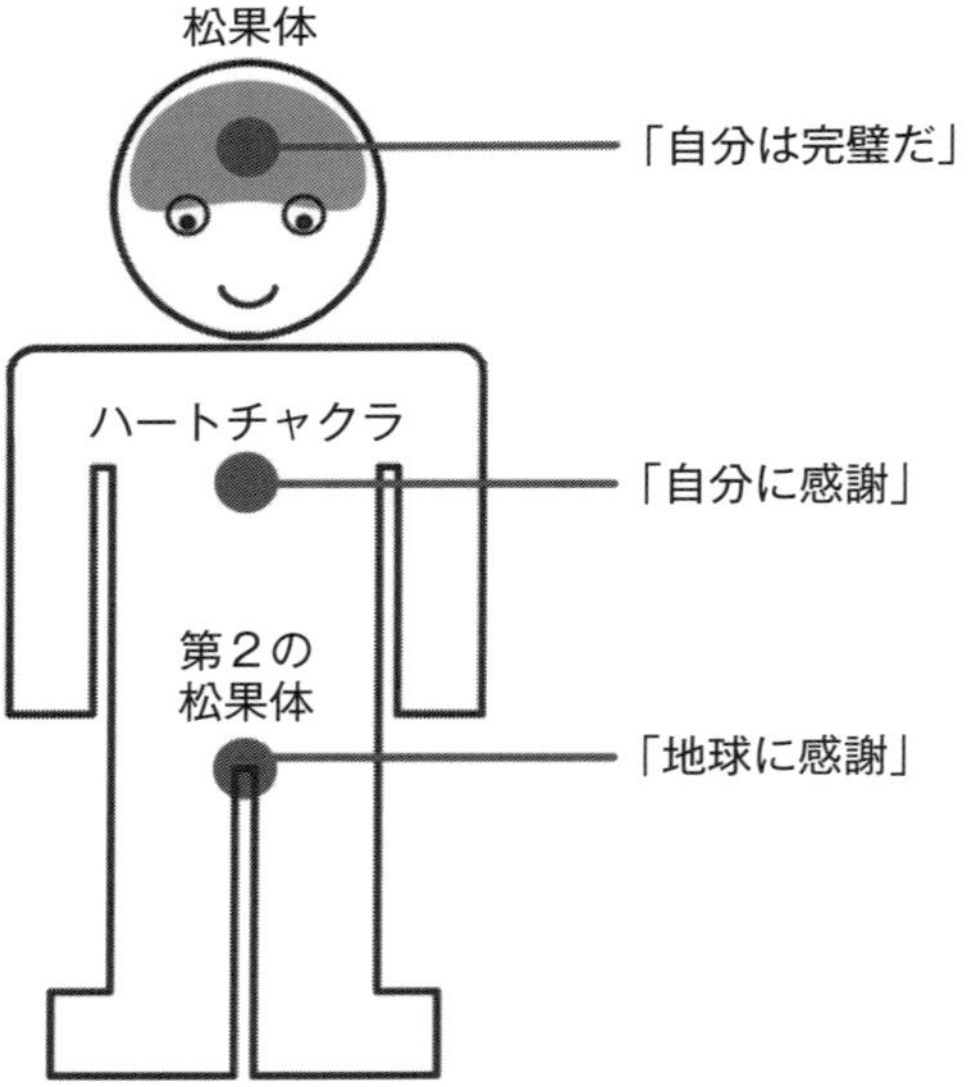

の倍数に整えられます。

地球と共鳴するシューマン振動数7・8で整えたものをハートで宇宙と共鳴するソルフェジオ共振数936につなぐのです。

完全に宇宙にも地球にもサポートされる状態をつくり上げます。

つまり、松果体のポータルを開くには、振動数を上げることが大事なのです。

**936の振動数の倍数でどんどん上げていくと、振動数が高ければ高いほど可能性の高い、もっとすばらしい世界のポータルを開くことができるようになります。**

## グラウンディングして地球へのポータルを開く

地球と共鳴する7・8ヘルツをどんどん自分の体にとり込んでいくと、グラウンディングしてポータルが開きます。

**地球上で望むように生きるためには、宇宙のポータルを開くことと、地球のポータルを開くことの2つが必要です。**

脳の真ん中にある松果体は、宇宙に対するポータルを開きます。

第1章でも述べましたが、尾骨のところには目に見えない第2の松果体というものがあります。このことはいままで誰も言っていません。

**第2の松果体は地球の生命たち（ガイア）とつながるポータルです。**

つまり、水晶、土、植物、微生物、動物など、ガイアに住んでいるいろいろな生命たちとつながるのは第2の松果体なのです。

しかし残念ながら、物質的な第2の松果体は、なくなってしまいました。

高次元レムリアや超古代の人たちは、生命体たちと活発に交流していたので、第2の松果体は発達していて、物質としてあったはずです。でも、いまは退化してしまって、痕跡は半透明の非物質性の松果体しかないのです。

原始松果体とも言える第2の松果体を開くには、シューマン振動数7・8の振幅を促することです。

それには**喜びのエネルギーです。**

脳の松果体はどちらかというと「楽」というエネルギーで、振動数が高くなります。

振動数は同じままで振幅を大きくすることになる、「喜び」というエネルギーで、ポータルが開きます。

第2の松果体のポータルが開くと、地球の意識や、地球にいる生命たちの意識と交流できるようになります。

グラウンディングというのは、地球の生命エネルギーとつながるということです。

第2の松果体はグラウンディングするためのポータルです。

## 人類のテイルドラゴン（第2の松果体）が弱っています

ハワイで活動しているきれいなモデルさんで、高次元のエネルギーとつながっている人がいます。その人が「人類は松果体とテイルドラゴンを活性化することが大事です」という話をしていました。

彼女から「テイルドラゴン」という言葉を聞いて、そう言えばそうだなと思いました。要するに、「ドラゴンが眠っている」ということです。

龍には上り龍と下り龍があります。下り龍は宇宙からおりてくる叡智で、上り龍は地球から上がってくる叡智。テイルドラゴンは上り龍のことで、松果体で受けるのは下り龍、第2の松果体で受けるのは上り龍です。

現代医学では、虫垂《ちゅうすい》も松果体も過小評価されています。人間の身体で本当に大事なところがいかに過小評価されているか。

尾骨はその典型例です。子どもが尻もちをつくと尾骨が曲がってしまいます。本当はもとに戻さないといけませんが、今の医学は、痛みがなくなると、「このまま放っておいて大丈夫だ」と放置してしまうのです。尾骨は、医学関係者が考えているよりずっと重要な存在であるということは大事なメッセージです。

いまは人類のテイルドラゴン（第2の松果体）が弱っていて、脳の松果体も弱っています。両方とも弱い人間ができてしまっているので、宇宙の叡智は入らないし、地球の叡智も入らない。

宇宙の叡智は、私たちはどうやって生きたらいいかというメソッド、ハウツーです。

地球の叡智は生きる原動力、パワーです。

両方ともに活性化しているのが理想的ですが、現代人には難しい話です。片方だけしか動いていない人が実に多いです。

尾てい骨にある第2の松果体だけ活性化されていて、生きる力はあるのに、何をしたらいいかわからないので、余計なことにエネルギーを使ったりしています。あるいは、松果体だけ活性化されていて、第2の松果体が閉じている人は、どうやって生きるかは知っているのに、現実的に生きることができない、グランディングしていない人。その2通りが多いので、両方がバランスよく活性化されていくことが必要になります。

## 自分の意識中心をハートにフォーカスしてください

脳の松果体と第2の松果体をつなげるのはハートです。

自分の意識中心を自分のハートにフォーカスすることによって、脳から尾骨へのつながりをサポートします。

私は、遠隔医学で患者の松果体のエネルギーを読みます。

おもしろいのは、生まれ持った自分の魂の生きるテーマが、松果体を活性化してつながり自分の生き方とか使命を確立することなのに、グラウンディングすることに力を使ってしまって、もがいている人が多いのです。

そして、逆がまた多いのです。その人のエネルギーを読むと、第2の松果体を活かしグラウンディングすることが今生のテーマで地球に入ってきているのに、宇宙の叡智にばかりつながろうとしている。

完全に分離してしまっているので、このような人は生きていても幸福感が全くありません。魂がもがいています。


大事なのは、地球人は、まず**自分の意識中心をハートにフォーカスすることです**。

自分を無条件に受け入れて愛を注ぐことによって、ハートが脳から尾骨につながることをサポートすると、松果体と第2の松果体の両方をつなげられるわけです。両方がつながって、初めて地球人としての存在意義とか幸福感を感じることができます。


多次元パラレル宇宙に移るときも、松果体が活性化していないとダメなのですが、もう一方の第2の松果体が活性化していないと地球の叡智が受けられないから、パワーがなくてパラレルポータル移動が実現しないのです。

だから、第2の松果体はすごく大事です。

## 第2の松果体を活性化させる方法／水と木、大地のエネルギーを受ける

**人間の尾てい骨にある第2の松果体を活性化させるのに一番いい方法は、不安、恐怖を取り去ることです。**不安、恐怖を取り去ることをテーマに地球に入ってくる魂はいっぱいいるのですが、その思いにどっぷりつかっている人が実に多いのです。

グラウンディング、地に足をつけるのに最も障害となるのは不安と恐怖です。

それを学びに来ているので、人生におけるすべての出来事を受け止めることです。

不安や恐怖に思うこと、もがくことも、自分の魂の意識が設定してきたことです。

そして、自分のエネルギーを進化、成長させるために自分で選んだことなのだから、「不安も恐怖も持っていていいんだ」と受け入れることが大事です。

受け入れると不安、恐怖にフォーカスして執着しなくなるので、いつの間にか消えていきます。不安、恐怖が消えていくと同時に、「自分は大丈夫だ」という観念を自分に

どんどん設定することでグラウンディングができます。

いままでの本は、「不安や恐怖というネガティブな思いは手放しましょう」と説《と》いてきました。これでは余計大きくなって消えません。消そうとすると、消すことにフォーカスするようになってますますエネルギーが注がれるので、どんどん増長します。

これが引き寄せです。

自分で設定した必要なことだから、不安や恐怖をもっと持っていいんだ、何を学べるんだろう、何に気づくんだろう、もっと来いと振れ切ると、意外にフォーカスしなくなるのです。

不安や恐怖はそんなに怖いものではない、悪いものではないんだとゆるむと、フォーカスしなくなって、いつの間にか和《やわ》らいでいきます。そうすると、グラウンディングができるので、自分は大丈夫だということを体感できるようになります。

私が考案したワークをいままでの本でも紹介してきましたが、本当は**ワークよりも、**

**意識のコントロールが一番大事です。**いままでは身体から入るワークの本ばかりでしたが、**本当は意識で一瞬で変われます。**

グラウンディングをすることで、地球の叡智を取り入れられます。

私は松果体の専門家として、松果体を活性化することを教えていますが、この本で第2の松果体にもフォーカスすることにしました。

第1の松果体だけでなく、第2の松果体も大事です。

**第2の松果体を活性化させるには、地球に感謝することです。**

地球に「ありがとうございます。お喜びさまです。うれしいです。」と語りかけることによって、地球と共鳴できると、地球のサポートを得やすくなります。これは宇宙とつながるときに唱える言葉でもありますが、地球に対しても使えます。

宇宙とつながる松果体を活性化するには、「太陽を見なさい」といいます。

私がいま瞬間に受けとったのは、**地球のグラウンディング、叡智を取り入れるためにやるといいのは、「海のイオンを受けること」**です。

海に入ってもいいけれども、入らなくてもいい海浜浴です。それと森林浴。**水のエネルギーと木のエネルギーを受けると、第2の松果体が活性化しやすくなります。**それによって第1の松果体も活性化しやすくなるので、一石二鳥です。

あとは大地のエネルギーです。セドナのような強烈なボルテックスがあるところ、珪素が多いものに接すること、森林、海でいいと思います。

多次元パラレル自分宇宙を自由に旅するには、自然とつながって地球の叡智を受けることです。

## これからは第2の松果体が大きくなる!?

これから人間が進化してくると、現在は7～8ミリの松果体がもっと大きくなってくると思います。恐らく第2の松果体も大きくなっていくと思うので、人間の骨格も変わってくるでしょう。

人類が進化すると、頭の松果体は大きくなるのですが、脳自体は大きくならないと思うのです。

脳には顕在意識と潜在意識があります。脳はあまり発達しないほうが宇宙の叡智を受けやすいので、それを促すためにも脳内の奥深くの中心にある松果体だけが大きくなって、脳自体は小さくなるので、松果体のあるところの脳内圧が高くなっていくでしょう。

そうなると、甲状腺機能亢進症のような、眼圧が高い人の顔、目がもっと出てくるのではないかと思います。

第2の松果体が大きくなると、肛門の上が広がってくるから、形のイメージとしては、肛門の上の幅が大きくなり、お尻の真ん中が出っ張った感じになるのではないでしょうか。

第2の松果体だけ大きくなると生殖機能だけが盛んになりますが、両方大きくなったら、意識の進化により、セックスレス時代になっていくでしょう。

これからは意思疎通だけで受胎されてしまうかもしれません。人体は、脳が大きい状態だから、第2の松果体がもう少し重くなったほうがバランスがとれるかもしれません。

もともと恐竜みたいに下半身がどっしりしていたほうがよかったのですが、人間は宇宙人の遺伝子が入って頭が大きくなってしまいました。ある程度まで進化してテクノロジーとか知識を入れていくと、人間は脳がもう少し大きくなるかもしれませんが、叡智だけで生きられるようになってくると、脳は縮小してくるのではないかと思います。

でも、私が教えている脳を使わない「脳ポイ」という生き方を遵守《じゅんしゅ》していけば、脳は成長せずに宇宙の叡智を受けられると思います。

## 振動数安定不動の重要性

なぜ地球人は、宇宙の叡智とつながってポータルを開くパラレル変換がうまくいかないのでしょうか。もしくは、どうして地球の生命やガイアとうまくつながることができないのでしょうか。

それは、人間の生命の大もとをつくっている**人間生命振動数が不安定だからです。**

地球には時間と空間があるから、時間を移動するときや、空間を移動するときに、ある一定時空間、松果体のポータルを開くまで必要な振動数が持続しないからです。だから、開かないのです。

私の講演会に参加して「やった！　これで自分は変われる」と思っても、空間を移動して家に帰って時間がたつと、旦那さんの顔を見たとたんに、振動数がガクンと落ちてしまったら成り立ちません。

旦那さんの顔を見ても、この人は私を「怒らせる役目」の人だからと冷静に客観的に見られて、自分の振動数を上げたままでいられるとポータルは開きます。

高次元シリウスBでは時間軸と空間枠がほとんどないので、ポータルは簡単に開きます。本来は簡単に異次元に自分世界をつくれるものですが、地球は重力が強くて、時間軸と空間枠が強いので、**ある時間数と空間の枠を移動しても、その移動の中である程度**

**安定して、同じ振動数を保たないと、ポータルは開けないという罠《わな》があります。**

この本を読んで振動数が上がっても、それは一瞬で、家に帰ってテレビをつけて地震や殺人があったなどというニュースを見たら、あっというまに振動数は下がってしまいます。

このごろ多くなった自然災害などの天変地異は、「振動数の安定性」を学ばせるためのものです。

天変地異によって地球人の集合意識が上がったり、下がったりすることにつながりますが、そうではなくて、すべてのことは学びのためにあるのだから、それで自分の振動数を落としてはダメなんだと学んでください。

天災では、自分のお役割として、あちら側へ行こうと選択した人しか亡くなっていません。それはお喜びさまで、祝福してあげないといけません。そういうことを学べたら、振動数をいちいち落とす必要はありません。

そうでないと宇宙ともつながれないし、地球ともつながれません。

\ **point** /

◆多次元パラレル自分宇宙は、それぞれ、存在している振動数が違う。

◆振動数が十分に高くないと、開けられないポータルがある。

◆宇宙にも地球にもサポートされると、振動数が強力に高まる。

◆第2の松果体は地球の生命たち（ガイア）とつながるポータル。

◆松果体のポータルを開くまで、必要な振動数を持続させることが重要。

第4章

# 多次元パラレル自分宇宙にワープするコツ

## 望む世界は自分の中にある。ただ選ぶだけ

この本を上梓《じょうし》する機会をいただいたのは、やはり時代のいまのタイミングです。まさに地球人がどちらの道を歩むかを示すときだと感じています。

いままでどおり規則だらけで常識や固定観念をもとにできた社会の中で、自分をごまかすことでいかに安全に生きていくのか。もしくは、そういった制約は全部取り払って、少しリスクは感じるかもしれないけれども、自分の自由意志で自分の好きな世界を創造して生きていくのかの分かれ道だと思います。

だからこそ、この本の存在意義が非常にあると感じています。

私が診療していても、セミナー、講演会、イベントにおいても、動画のサロンでも、皆さんからよく受ける質問は、「望む世界、なりたい自分はあるけれども、実現すると

は思えない」とか、「だから望まないようにする」というのが、よくあるパターンです。

もしくは、自分が望む世界があるから、それを実現させるためにいま努力している、自分ができることを精いっぱいやっているけれども、時間がかかる、または現実はなかなか変わらないと思っています。

また、いろんな人との出会い、人脈や資金、あらゆる運に応援されないと実現しないと思っています。


彼らの奥深い固定観念には、1つ目はできるとは思えない、2つ目は、時間がかかるし、努力を要する、3つ目は、いろんなサポートがないとダメだということがあります。

その3つの根底にあるのは、生まれたときから親、兄弟、学校、社会に、きちっと目標を持って努力することが正しいことだと教えられてきたので、自分のやりたいことを追求して生きていきたいけれども、夢はそう簡単に実現するものじゃないんだという思い込みです。

戦後、そういう生き方がしみついてきたわけです。

4つ目に、最近新しく生まれてきた若い子たちの中で、自由に生きて、目標も持たずにいまを愉しく生きている層もあるのですが、そうは言っても、彼らも、「自分は将来どうなってしまうんだろう」という不安は持っています。

自由に生きていながらも、将来は自分でつくり出せない、偶然に生じるものだという固定観念を持っています。

目標を持たず、望みを持たないで生きる若い層にもやっぱり将来の不安はあって、未来は偶然に、もしくは自分の意思とは関係なく不可抗力的にでき上がるものだから、受け入れるしかないんだと思っています。

そこには、自分でつくり出すという意識はありません。

最初の3つは自分でつくり出すという意識はあるのですが、そう簡単につくれないと思い込んでいます。

4つ目が違うのは、自分でつくり出す意識がなくて、自分の望む世界なんてあり得ないんだ、来たものを受け入れるしかないんだという考えです。

それもいい面は一部あるのですが、真実ではありません。

真実は、**なりたい自分、望む自分、望む世界というあなたのビジョンにいったん浮かぶものは、無限大の数のパラレル自分宇宙の中で、自分の意識中心に意外と近いところにあるということです。**

意識に浮かばないことは、本当に自分のエネルギーが届かないところにあるわけですが、こうなりたいとか、**こうなればいいなというビジョンがあるということは、実は手の届く範囲にあるのです。**これが1つのメッセージです。

それだけでは足りないので、もう1つ必要なメッセージは、手が届く範囲というのは、どのくらいの距離かというと、**いまここにある、すでに自分の中にあるということなのです。**

## 好きな自分も嫌な自分も、いったん受け入れてみてください

皆さんは、こういう自分になれたらいいな、こういう自分が好きだと、イメージしている理想像があるかと思います。

逆もあります。こういう自分にはなりたくない、こういう自分は嫌いだというネガティブなイメージがいつも意識に存在しています。

多次元パラレル自分宇宙を探っていくとき、無意識のうち、脳を使わないで宇宙とつながった状態で、**自動的に魂の進化・成長に向かうための多次元パラレル自分宇宙の選択がなされることが大事**であって、地球で生きる観念のように、「常に自分で選ばないといけない」「生きる意識がないとダメ」だということではないのです。

その選択は無意識のうちに、毎秒毎秒というより、毎瞬毎瞬行われていると考えればいいわけです。

そのために一番大事なことは、繰り返しますが、ゆるんで望む自分を置いておく。その目標が、あなたの魂の意識が地球に来たときに、シナリオに書かれていたとおりの向かうべき自分であるか、もしくはそうではないかということは知る必要はありません。もちろん、知ることはできません。魂が地球に来たときに、どういう自分を目標としてシナリオを設定していたかを知ることは、なかなか難しいのです。

だからこそ、ゆるんで望む自分を置いておくことが必要なのです。

望む自分を置いたときに、それがもともとの魂の目標であったならば、自然にそのまうまくいくだろうし、そうでなかった場合は、そこへ向かうように自動的にシナリオが修正されていくわけです。

本来、生まれたときに選んだシナリオが、ゆるく望んだ自分でなかったとしても、そこに自動修正されていく。瞬時瞬時、そこへ向かうのに必要なパラレル自分宇宙が選択されていきます。

そのときに一番大事なことは、ゆるんで望む自分に向かい合うことであって、そのプロセスにおいてはいろんな自分を体験することになるでしょう。

それは「好きな自分」であるかもしれないし、「嫌いな自分」であるかもしれません。**どちらであっても、すべて受け入れることが重要です。**

この点はとても重要なので、繰り返し伝えさせてください。

たいていの場合、これは嫌いな自分だから、否定して除外しようとか、はねのけようとか、自分は受け入れないという態度を示すものです。しかし、そうすることによって、ゆるんで望む自分へ向かう方向性は乱れて、断ち切れることになるわけです。

つまり、ゆるんだ自分という、向かうべき自分のビジョンをいったん持ったならば、それはゆるく泳がせておいて、そのプロセスは自分の叡智が自動的に出すことなので、自分の頭で考える、ガチガチの意識は眠らせることなのです。

眠らせるというのは、脳を完全に使うなということではありません。

一番いいのは、起こることは「すべてこれでいいのだ」と受け入れることにほかならないわけです。バカボンのパパになるのが大事です。

しかし、いままでの地球人は、まわりの人から「あの人はいい人だ、すばらしい人だ」と言われようとして生きてきたわけです。これが自分の存在意義を持つことであったし、存在価値を上げることでした。

これだと、ゆるんだ目標を置いたとしても、その都度のプロセスに意味を持たせようとするので、せっかくの貴重な体験も、「これは自分が持つべき体験ではない」「何かが間違っている」「やっぱりダメだ、修正しないといけない」とか、常に「変えないといけない」と思ってしまうのです。

だから、**常にいまここの自分に対する否定が入るわけです。**

**いまの自分を受け入れることがないので、せっかく自動修正して、ゆるんだ自分の姿に向かおうとしていたエネルギーグリッドが乱れてしまいます。**そうすると、エネルギーがそこへ向かわなくなるので、望む自分を変えざるを得なくなります。

結局、自分は何が生きがいなのか、何のために生きているのかと、もがくことになります。これが地球人の姿です。

一番大事なことは、**好きな自分であろうと、嫌な自分であろうと、毎瞬毎瞬、毎時毎時感じる自分は、魂の意識設定、超潜在意識において、最高のシナリオの自分しか体験していないということを受け入れる。それを知ることで、抵抗しなくなります。**

いままで感じていた自分が嫌いな自分であっても、そうなりたくない自分であっても、「これでいいのだ」と受け入れてみてください。まず、それが大事です。

## 高次元の宇宙意識には善悪はありません

魂の選択を受け入れたら、次は、良い、悪いという観念の壁も超えてください。

魂の意識はわざと「嫌いな自分」を選ぶときもあるし、「なりたくない自分」をあえて選ぶ場合もあるので、ときには気が滅入ることがあるかもしれません。

自分が好ましい相手と交流するときはハッピーでいられますが、どうして自分はこんな人間と出会わなければいけないのか、嫌な思いばかりするじゃないかということもよくあります。それもいま述べたプロセスで、ゆるんで望む自分に向かうために必要な相手なのです。

だから、その相手を否定して消そうとするのではなくて、相手を思って、受け入れて、そこから学ぶのです。学ぶということは、相手の存在に感謝して、「学ばせてくれてありがとう」と投げかけることになるわけです。

そのように投げかけると、相手に自身の役目を果たしたという存在意義を持たせてあげることができるので、相手は満足して、そのうち、自分にとってよい存在に変わっていきます。

このように、嫌な自分も嫌な相手も、すべて自分にとっては最善の存在であると受け入れていくことが非常に重要です。

多次元パラレル自分宇宙を考察するときには、ありとあらゆる無限数の自分がありま す。ところが、良い、悪いという観念を持った途端に、正しい選択はできなくなります。

**善悪という観念を置いた途端に、ゆるんで望む自分へ向かうグリッドは乱れます。**

本来、高次元の宇宙意識には、良い悪いはありません。

すべて必然のことしか起きません。

良い悪いという観念を置くことは、いままで育ってきた社会の中で培《つちか》われた常識、固定観念に当てはめて、それが良いか悪いかを判断する。脳を使った世界です。

悪という概念を持ったとしても、この悪が自分には必要なんだと悪を受け入れていけば、善悪はなくなって、中立につながっていくということになります。

## すでにあるものに乗りかえるだけの世界へ

皆さん、なりたい自分になろうとして、いつも一生懸命に格闘しています。

なりたい自分になるためには、今までは、努力をしたり、我慢をしなければなりませんでした。そういうことばかりやってきたわけです。

なぜかというと、なりたい自分というのは、いまここにない自分だから、それをつくり上げるのはすごく大変だと思ってしまうからです。無から有をつくるので、何が何でも自分を抑えつけて、我慢して、自分を犠牲にしてでもやらないといけないという観念がすごく強いわけです。

戦後の発展段階、高度経済成長期においては、無から有をつくり上げるという学びは重要でした。でも、いまはいよいよ次元が上がってきて霊性の時代に入るので、目に見えないものを大切にする時代に入っていきます。そうすると、**無から有をつくるのではなくて、すでにあるものに乗りかえるだけの世界に入ります。**

この世界に入ると、なろうとすると、実現は難しくなります。

なぜなら「なろう」の方程式は、**「なろう＝いまの自分はそうでない」**からです。

**多次元パラレル自分宇宙の最も重要な鍵は、この瞬間のゼロ秒ということです。**

**ゼロ秒でしか意識は使えません。**

**だから、いまこの瞬間に、こうだと決めるだけです。**

「なろう」と思っていると、毎瞬毎瞬、「そうではない自分が常に訪れる」ことになるので、パラレルは毎瞬毎瞬、そうではない自分を選び続けます。

ということは、なりたくない自分で終わるということです。

一番大事なのは、**なりたい自分は「すでにあるんだ」と受け入れることです。**

どこに存在しているかというと、過去でも未来でもなくて、一寸先でもない、1メートル先でもない、地球の裏側でもない、いまここに存在しているのです。

本書の冒頭で、「魂はいつから始まって、どこにあるのか」という質問に対して答えた「いまここに、この瞬間にしかありません」と同じことであって、**自分が望むパラレルの自分宇宙は、いまここに存在しているということです。**

では、手を伸ばさなければならないのか、手を伸ばしたらとれるのかというと、手も伸ばさなくていいのです。

**意識を変えるだけで、いまここの宇宙が全部入れ変わります。**

手さえも伸ばす必要はありません。なろうとしなくても、なりたい自分はすでにそこにあって、それを選ぶだけでいいということです。

## 集合意識を味方にしてポータルを開く方法

前述の文章と矛盾するようですが、そうはいっても自分の未来を変えることは意外と簡単ではありません。ほとんど変えられない人が多いのです。

未来を変えていくプロセスにおいて、ちょっと頑張ってみたけれども、まだ望む自分ではない。さらにもうちょっと頑張ってみて、少しは近づいたような気がするけれども、まだ望む自分ではない、望む自分ではない……とやっているから、ポータルを開くところまでは全く行きません。

ポータルが開くところに行くには、**集合意識に変化を起こすことです。**

例えば、あなたがスポーツ選手で国体に出たい、テニスで錦織圭《にしこりけい》みたいになるんだ、大坂なおみみたいになるんだと努力しているとします。最初は誰もが無理だと思っているのですが、本人は練習に励みます。無理だ、無理だと言われても、必死にがんばっている姿を見て、「ひょっとしたらあいつは国体に行けるかもしれないいな」と1人でも言い出すと、伝播して、同じように思う人がもう1人出てきます。

そのうち、周りで「あいつ、行けるんじゃないか」という話が出始めると急激に伝播して、「100匹目の猿」現象と同じで、集合意識が変化します。

そうすると、集合意識があなたの世界を盛り上げることになります。

集合意識というのはあくまで潜在意識なので、自分の宇宙の叡智ではありません。

自分のポータルを開くわけではないのですが、集合意識が強烈に働いてくると、「あいつはできる」と言われるようになって、自分の超潜在意識がかなりポジティブな影響を受けます。

あるとき、自分も「ひょっとするとできるんじゃないか」という意識に変わって、その瞬間に、ポーンと高い次元のポータルが開くのです。集合意識という**潜在意識を変えることがポータルを開くことにつながって、未来を変えることになります。**

**だから、努力していても、やり続ければ未来は変わるのです。**

ただ、集合意識が認めた世界は、限られたレベルのポータルしか開けません。

もちろん集合意識を味方につけると、全般的にポータルを開きやすくするので、誰もが想像しない無限大の可能性を持つポータルを開くには、集合意識が果たす役割も大きいのです。

**未来をつくるには、本当を言うと、集合意識も絡まずに、自分だけの世界でポータルを開いていくのが、一番強力です。**

脳（顕在意識と潜在意識）を眠らせて、宇宙の叡智とつながれば、自分だけでポータルを開けられるのですが、地球人のレベルだとまだ難しいので、努力して頑張って開く。それはもちろん遠回りにはなりますが、周りに「あいつはやるかもしれない、できるかもしれない」という集合意識をつくって、ポータルを開きやすい状態にするのです。

**集合意識の力をかりたところで、脳（顕在意識と潜在意識）を眠らせて、自分は絶対にできるんだというゾーンに完全に入ったときに、ポータルが開くのです。**

**そのときに未来がつくれることになります。**

プロセスとゴールを持つことはよくないのですが、上手に生かしていくことは、いまの地球人の段階のやり方でもあります。

## 過去の宇宙を変えるテクニック

「未来を変える」こととは反対の「過去の変え方」についても説明します。

いまの自分を乱す要素として、一番よくあるのは後悔です。あのとき謝ることができなかった、感謝の意を伝えられなかった、あのときもうちょっと頑張っておけばよかった、あのときチャンスを逃してしまったなど、生きているといろいろな後悔がありますね。

あとは、怒りです。あのとき、あいつが言ったことが許せないとか、過去における怒りと後悔の２つはキーになります。

これは多次元パラレル自分宇宙のしくみを学ぶことで、かなり解決できます。

まず、怒りに関しては、「あいつは許せない、何であんなことをしたのだろう、あいつのせいで俺はこうなった」と言うとき、あなたは何を思っているかというと、「あのときの相手は自分にとっては悪いやつだった、不必要なやつだった、現れなければよかった」ということです。

でも、私がこの本で再三言っているように、自分が体験するすべてのことは、自分の魂がいいほうにしか向かっていません。生命体として、常に悪いほうの選択はできないわけですが、**人間は常に悪いほうの選択をしているという不安、恐怖があるので、おび**

**えているし、いつも後悔するわけです。**

つまり、自分が怒りや後悔を持っている相手や事象との出会いも、悪い出会いだったのではなく、実は自分が必要で引き寄せた、つくり出したものでしかありません。

相手もそれに同意して、それに貢献することがその人の学びでもあるし、自分を学ばせるということで、役割を引き受けたのです。怒りも後悔も必要だったのです。

そのことに少しでも気づいて、あいつはそういうことをやってくれたんだな、悪い人間でなくて、そういう役割だったんだ、自分も本当に嫌な思いをしたけれども、そういう思いをする必要があったんだと受け入れた瞬間に、「これでいいのだ」と気がつくのです。

繰り返し言いますが「これでいいのだ」という観念が入った途端にポータルが開くので、多次元パラレル自分宇宙を自由に選べるようになって、どれを選んだということではなくて、自分が楽で愉しく生きられる方向に無意識に選び直します。

次の瞬間には、あいつがああいうふうに言ってくれてよかったな、あいつのおかげでいまの俺があるのかもしれない、あのとき学べてよかったなと自分宇宙が書きかわります。

これが過去の宇宙が変わったということです。

## パラレルに関係している「相手の宇宙」

過去が変わるときは、パラレル自分宇宙の無限数にある過去の中から、まず、自分はそれでよかったのだと認める宇宙を1つ選ぶのですが、相手自身が怒って悪かったという「罪悪感を持っている宇宙」と、怒ることであいつにいい学びをさせてやれたという「悔いのない宇宙」というように、**相手の宇宙が相反して存在するということもパラレルに関係しています。**

自分の過去の状態は全く同じパラレルが2つあって、相手が罪悪感を持っているパラレルと、相手がこれでよかったと認めているパラレルがあるのです。

通常は相手と共同で進みます。自分がよかったと思ったら、相手もよかったというほうに軌道修正されるので、相手の罪悪感がないところを選びます。結局は、相手を救うことにもなります。

相手も、過去にあんなことを言わなければよかったと罪悪感を持っている場合に、自分がパラレルを選び直すことによって、相手の意識の情報が書きかわって、相手の過去もそこで変わることに寄与できます。

ただ、それに関しては、相手が自分を変えることを受け入れないとダメなのです。

通常は、いい方向に行くので受け入れます。

**自分の過去を変えることは、人の過去も変えてあげられるのです。**

後悔も同じことで、「あのときいじめなければよかった」「もっと優しい言葉をかけてあげればよかった」「感謝を述べればよかった」ということがあります。

あのときは、あなたが感謝を述べないことが相手にとっても必要だった、自分の成長にとっても必要だった、これでよかったということを学んで受け入れることです。

そうすると、これでいいのだという一瞬の意識変換があって、**パラレルを選び直せるポータルが全開になります。**

どれを選ぼうかというときに、自動的に、感謝を言わなくてよかったんだ、言わないからよかったんだ、あるいは意地悪なことを言ったからよかったんだ、言ったから相手も気づくことができたんだ、相手は最初は傷ついたけれども、言ってもらってよかったんだという具合に、プラス・プラスの過去に変えることが可能になります。

## 同時パラレル変換／大事な人を連れていく

成功する自分を描いたとき、例えば、「海外で自分の能力を伸ばす」というパラレルを選ぶ場合、家族はついてこられないというパラレルもあるし、うまく話がついて、家族を一緒に連れていけるというパラレルもあるのです。これは選択です。

自分が将来のパラレルを選ぶときに、**家族とか、パラレルをともにしたい人間に意識を向けて、「いつも自分と一緒にいてくれてありがとう。お喜びさま。うれしい」と投げかけることによって、宇宙のサポートが入る共鳴が起きます。**

エネルギーを共鳴させて、パラレルのポータルに入るときに、その人の意識中心も一緒につれていくのです。パラレルに入ったときに、その人たちも意識中心がそこにあるので、同じようにエネルギー密度の高い環境にとどまったままになります。

ただ1つだけ例外があって、相手が一緒に行きたくないと拒否した場合は、それは起こりません。

自分と相手はお互いに最高の学びがある、けんかばかりだけど、**お互いにこの人でなければダメなんだという意識を心の底で持つ状態にしておけば、同時パラレル変換ができます。**

自分だけパラレル変換しても、大事な人が置いてけぼりになってしまうことは怖いものです。自分が望むパラレル自分宇宙に入っていくとき、2人のエネルギーの意識同士が同じような距離でやっていきたい場合は、自分たちは最高のエネルギーを約束して存在している、お互いでないとダメな段階で進化・成長し合っているということを認識した上で、パラレル変換をしていけば一緒に行けます。

この情報は、皆さんを非常に元気づけることと思います。

### 同時パラレル変換
### 完全に重なっている部分にポータルをつくる

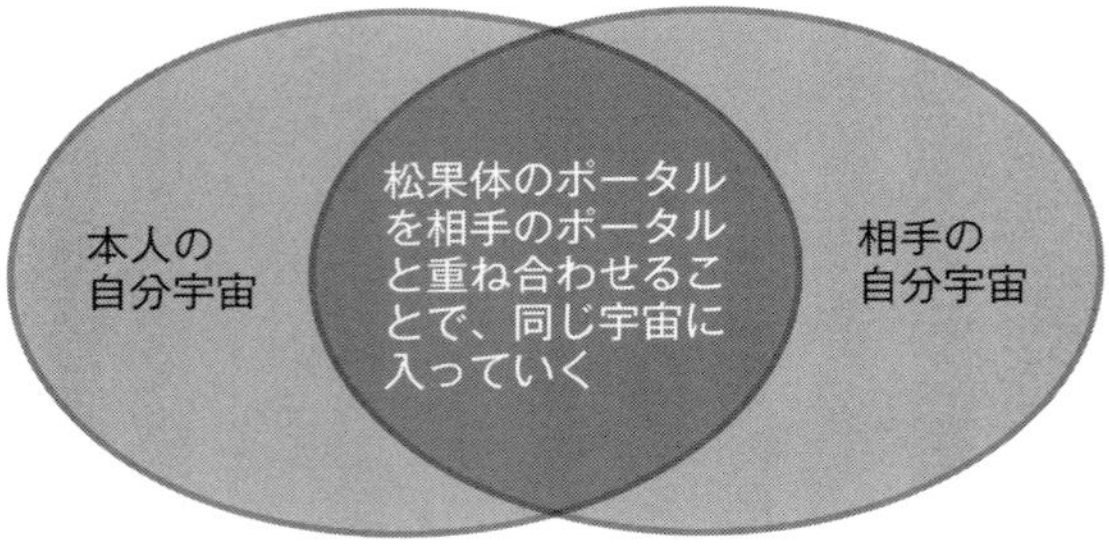
本人の
自分宇宙
松果体のポータルを相手のポータルと重ね合わせることで、同じ宇宙に入っていく
相手の
自分宇宙

松果体のポータルの共有

これはポータルを共有することになります。

本当は、「相手の自分宇宙」と「本人の自分宇宙」は別ですが、松果体のポータルを相手のポータルと重ね合わせることで、同じ宇宙に入っていきます。

**完全に重なっている部分にポータルをつくるのです。**

ポータルは１００％重なることはありませんが、家族関係が濃厚の場合は99％まで重なるでしょう。一般的には50～80％ぐらい重なると思います。

兄弟や親戚は、関係の度合いによります。親戚は、意識にはあるので１～50％ぐらいです。兄弟は血縁を持っているので意外と強くて、30〜70%ぐらいでしょう。

家族にフォーカスが行くので、兄弟は家族よりちょっと低いのです。

## 多次元パラレル自分宇宙に移動しやすい人、絶対に移動できない人

ポータルが開かずに絶対にパラレル変換できない人の特徴は、「自分は運が悪い」「ついていない」などと嘆く人です。また、「お金さえあれば成功する」「人脈さえあれば成功する」「〇〇さえあればうまくいく」と言う人もダメです。

あとは、常識と固定観念を大事にし過ぎる人。自分は大して変われないと思っている人。変わる能力がないと思っている人。自分は変わる価値がないと思っている人。

この本の内容を夢物語ととらえる人もそうです。

ポータルが開いてパラレル変換しやすい人の特徴は、病気や人生の失敗でも、どん底

を味わって、**どうにでもなってしまえと自分を手放せた人は一番変わりやすいのです。**

どん底を味わって、こうでないといけないという自分を全部手放せる人が一番強い。自分は毎秒毎秒すでにすべてを引き寄せているんだと受け入れられた人。お金のサポートも人のサポートも追い求めるものでなく、自然に降り注がれるものだということをわかる人。この本を読んで学んで、すぐに結果が体感できなくても、異なる世界にすでにいることを受け入れられる人。いずれ必要なタイミングで変化が起きることを受け入れられる人です。

## パラレルは平面だけではない

パラレルというと平面で考えて、自分だけが変わっていると思ってしまう人が多いのです。自分だけの違う世界が平面であると思っているのですが、自分の違うシャボン玉宇宙に飛んだら、周囲のシャボン玉宇宙の世界も全部違います。

**自分のエネルギーが変わると、自分のエネルギーに見合った周囲があるわけです。**

自分の振動数が変わったときに、自分の周りが変わるのですが、「ものすごく変わってしまっている」のと、「あまり変わっていない」のと、「自分を認めている世界」と、「自分はまだ認められていない世界」というのもパラレルであります。

だから、平面ではないのです。

自分が移動したら、そこにまた、たくさんのパラレルがあります。

自分が移動したとき、すでに周囲にシャボン玉宇宙がいっぱいあって、自分と自分の周囲と考えると、個数は掛け算になります。

要するに、**無限数×無限数だから、無限数の2乗になります。**

自分の設定した自分自身と、自分の周囲の環境です。

パラレルというのはそれだけ深いのです。

自分が振動数を変えてパラレル変換したときに、周囲が全く変わらないというシャボン玉宇宙もあります。でも、これは変わっていないのではありません。

自分の違う振動数を受け入れている周囲なので、自分も周囲も違うのです。

でも、自分から見ると周囲は全く同じじゃないかということで、変わっていないことになってしまうのです。

皆さんは、自分が変わっていることを自分の周囲の反応で確認しようとします。

でも、それも自分が選んでいるのです。**周囲があまり変わっていないほうがまだ自分が進化できると思うと、周囲があまり変わっていないところを選ぶのです。**

**エネルギーがもっと進化すると、いきなり周囲が変わっているところも選べます。**

それは進化の度合いです。その人の進化がまだ低いと、相手が変わっていると対応できないから、まだほとんど変わっていないところを選んで、徐々に変わっていくようにします。

それは自分が選ぶのです。変わっていなければその状態を続けていけば、いずれ変わっていることに気づかされます。

パラレルという言葉が平面を思い浮かばせてしまうので、本当は違う言葉を使ってもいいのですが、そうすると少し難しく感じてしまうかもしれません。

**本当はクォンタム（量子）で、多次元クォンタム自分宇宙のほうが真理に近いのです。**

パラレルは実はクォンタムであるということです。

自分と周囲環境を同時に変えるから、そこはクォンタムな関係性です。

いままでの本では平面しか物語っていないので、大事なことを言い忘れています。

皆さんも平面でしか考えていないから、周囲はこうあるべきと思ってしまうのです。

平面は揺らいでいるのです。こういう平面もあるということが大事です。

パラレル社会の平面は常に揺らいでいます。揺らぎの中でどれかを選択するということです。

常に毎瞬間、瞬間、揺らいでいる。感覚的にはそういう感じです。

\ point /

◆なりたい自分、望む世界というあなたのビジョンにいったん浮かぶものは、無限数のパラレル自分宇宙の中で、実は近い所にある。

◆魂の意識、超潜在意識において、最高のシナリオの自分しか体験していない。

◆集合意識に変化を起こして、ポータルを開きやすくする方法がある。

◆多次元パラレル自分宇宙に移動しやすい人は、自分を手放せる人。

第5章

# 多次元パラレル自分宇宙と近未来の地球社会

## 人類のコントロールに利用されてきた集合意識

いま地球人1人1人の意識は、「こうでないといけない、こうならなければいけない、なれても、どうせこれぐらいだろう」というのが代表的です。

それが何十億人という人間の集合意識になってできているのが、人類意識です。

つまり、地球社会の意識は、人類意識そのものです。

だから、こうでないといけない、こうならないといけない、イコール、なろうとしても大したものにはなれないという意識が、根っこにあるわけです。

そんな人類意識を権力者たちはいままで社会のコントロールに利用してきました。

まず人類をコントロールする勢力が、政治であれ、経済であれ、または影の勢力たちであれ、上からの制度で、しくみで変えようとしてきました。

人々が不安に陥《おちい》るマイナスで否定的な情報を植えつけて、彼らにとって都合のよい社会をつくってきたわけです。

彼らは、政治とかしくみをコントロールしたいのです。自分たちが思うように動かさないと、1人1人が違う方向を向いていたら、制度は成り立ちません。

人類をコントロールするためには、一般の人間には能力はないんだ、自分で自分の人生も身体も変えられないんだという前提のもとでいかないと成り立ちません。

超古代の高次元レムリアや半透明の地球社会のときは、高次元の生命体たち、いわゆる神々とつながっていたので、何でも自分たちで変えられました。

自分たちでできることを潜在的に知っていたわけですが、文明が発達してきて、統率者がある程度コントロールしたことで、彼らはそのうま味を感じたのでしょう。

大多数の人間たちをコントロールできるようになると、支配者はいいものを独占できるということに気がついて、「あなたたちは自分1人では何もできない」ということを植えつけて支配が成り立つルールをつくっていくわけです。

こうして徐々に、自分たちは何もできないんだ、支配者がいないとダメなんだと権力者に依存する人間が増えてきてしまいました。

最初は、統治するエネルギーがルールをつくったのですが、結局、社会は統率するエネルギーでできているのではなくて、それを植えつけられた人類1人1人の集合意識でできているのです。

統率するほうはコントロールしているだけであって、社会という時空間をつくっているのは1人1人の集合意識です。

## 「自分たちはすばらしい」という集合意識へ

先述のように、1人1人の集合意識が、人生は自分の思いどおりにならないんだ、変えられないんだ、限界があるんだ、努力して我慢しても思うようにはいかないんだと、いわば自己を封印してしまったので、人類の社会自体に「しょせん、うまくいかないもの」という集合意識ができてしまいました。

それが左脳から集合意識として入ってきて、過去、未来、パラレルも含めて、さまざまな地球の歴史の中で、人間はそういうものだという意識エネルギーが左の松果体から入ってきます。

右の松果体は自分のサポートをする叡智が入ってくるところですが、左の松果体が優位になってしまうので、右の松果体のポータルが開く、活性化するのを邪魔しているという状態です。

1人1人がこの本を読んだり、いろいろ学んで、**「人間には限界はない、自分の大もとのエネルギーよりすばらしいものはないんだ、自分の大もとのエネルギーこそが無限大の可能性と力を持つものであって、自分以外のエネルギーは自分宇宙にないものだから、大したものではない」**と気づくことで、自分の松果体のポータルを開いて、宇宙の叡智とつがなることができます。

そうすると、自分の無限の可能性の松果体のポータルを開くことができて、本当に自分が望むシャボン玉宇宙にアクセスすることが可能になります。

そういう人間が1人2人とふえてくると、エネルギーは黙っていても伝播します。「100匹目の猿」現象と同じように、1人、2人……、100人出てくれば、一気に地球中に広がっていくことになります。

そうすると、集合意識が社会をつくるので、もはや支配者や統率する団体は、集合意識をコントロールできません。まさに「自分たちは何でもできる」という集合意識が生着することになります。

それが集合意識を変えて、地球の未来を創《つく》るということなのです。

## すべての生命の集合意識と地球環境

地球の集合意識は、人類だけではありません。水、石、鉱物、水晶、土、植物、微生物や昆虫を含む動物たち、すべての意識体の集合意識なのです。

いままでは人類を優先してきました。エゴの意識で、ほかの生命体たちはそれを無理やり受け入れさせられていたのです。人類が一番だと優先されて、人間以外の生命体は我慢するということで、地球の集合意識は成り立っていました。

いよいよここへ来て、「ガイアの地球には人類だけではないでしょう、すべての生命があるんだよ」ということを私たちに気づかせるために、地球がついに動き出したのです。

天変地異はこのためです。

人類は、権力やお金に頼らないと幸せになれないと思ったから、資源に頼ったり、お金に頼ったり、人をだましてきたわけです。でも、自分に素直になり、自分を信頼して生きるようになると、争いが減ります。資源をもとにした戦争がなくなります。そうすると、地球のほかの生命体たちもハッピーになります。それに気づかせるために、世界中で大地震、台風、火山の噴火などの自然災害や天変地異を起こしています。

これらは磁場調整というか、霊性開きのためにまさに人々に気づかせる役割を持っていて、いよいよ目覚めなさいというサインでもあります。
これまで述べてきたように、人生で悪い人と会うこと、悪い体験をすることは全部ダメだと消去するのでなく、天災も、地球規模で見たときに「宇宙の中で必要なことだ、そういうことから学ばせてくれてありがとう」と感謝する態度が必要になります。

多くのスピリチュアルの本では、「感謝しなさい」とよく言いますが、同時に、過去の過ちを「謝りなさい」ともよく言います。しかし、「ごめんなさい」と謝るのはあまりよくないのです。

これまで述べてきたように、すべては学びのために必然で起きているので、**罪悪感を持って謝るとエネルギーを一気に落とします。**

振動数を保持しないといけないのに、逆に乱すことになってしまうので、**謝るのではなくて、「いままでありがとう。いまもありがとう」**と言えばいいのです。

罪悪感を持ってしまうと、ポータルを開くのが弱くなってしまうので、「ありがとうございます。お喜びさまです。うれしいです」と、すべてポジティブに言うことが大事です。

天災も含めて「ありがとう」と言って、それらから学ぶことで、天災も起こる必要がなくなります。私たちを支配する人間も必要なくなってきて、自分が望むことに生きる人間たちばかりがふえていきます。

そうなると、「みんながバラバラになって社会が成り立たなくなる」と言う人もいますが、それは大きな間違いです。人類はいままでみんな同じ方向を向かされて、ジグソーパズルでたとえると、すべて同じ丸いピースにつくられていたようなものです。だから、完成しようとしてもピースは合わず、すき間だらけのパズルになってしまいます。

本来、魂の生きる目的、シナリオはみんなそれぞれ違っていて、ピースが全部違うのですが、合わせると、すべての生命体がカチッとすき間なく埋まります。本来はそういうものなのです。

それぞれが望む世界で生きたら宇宙がカチッとはまります。乱れる必要はありません。

## パラレル選択は、集合意識が個人意識より優る

ビジネスマンが成功するためのひみつをお伝えします。

自分がこういうことをやりたい、選びたいと望んで生きていっても、人間はいままで脳に頼って生きてきたので、集合意識を眠らせようと思ってもうまくいきません。

だからあなたが何かを成し遂げたいと決めても、地球の人類の集合意識が「それはできないよね」と思っていたら、それに打ち勝てないのです。

例えば、自分は「100メートルを9秒台で走れる」という選択をしようとしても、人類には「8秒台、9秒台は無理だ」という集合意識があれば、望むパラレル変換を絶対にさせないのです。

どういうことが大事かというと、あきらめることなく、**振動数のブレない姿を見せるのです。集合意識は社会の風潮によってブレますから、個人の振動数のブレない姿を見**

**せることによって、集合意識が学ぶのです。**

あいつ、いいものを持っているなということになると、集合意識が個人を応援する意識に変わってくるのです。

集合意識が応援したら簡単に実現させます。簡単にパラレルを選べるようになります。

これが社会で成功するために重要な法則で、コーチングでも教えている人はいません。コーチングは個人のことしか教えないのですが、個人がいくら飛び抜けても、社会が「あいつはダメだ、できない」と決めていたらできないのです。集合意識のほうが強いからです。

私がビジネスパーソンを対象に講演会を開いて教えたら、スーパーエリート、スーパービジネスマンが生まれます。

私が提唱するのは無限大の世界です。

コーチングのように制限のある世界ではありません。

この原理がわかれば無限大の自分になれます。

## 集合意識で生きている日本人、個人意識の強い欧米人

私が皆さんに「ヘンタイになれ」と言うのは、1人1人の生き方を、集合意識から自由にするためです。

「俺ならできる。俺は一番だ」と言ったら、最初は周囲から「何を言っているんだ」と思われます。でも、それを言い続けると、だんだん「本当に一番になりそうだ」と思われるようになるのです。それで集合意識から一気にサポートが得られます。

コーチングでも、ある程度はうまくいきますが、無限大には行けません。

プロセスとゴール（目標）をつくって、到達するために頑張らなければいけないからです。

この本は「無限大に行く」ためのものです。

**人からどんなにけなされても、どんなに落ち込んでも、どんなに弱気になっても、自分には望む世界があるので、絶対に行けるとわかっているべきです。**

これをやることで集合意識は学ぶのです。

だから周囲から「あの人は変だ」「おかしいわね」「ヘンタイね」と言われても、それでいいのです。そこでひるまないでください。

ふつうは周囲から「おかしいね」と言われてしまうと、世間の目を気にして、もとの自分に戻ろうとしてしまいます。しかし、そこで私のようにひたすら突っ走ればいいのです。まわりの目を気にしないで、突き進んでほしいのです。

日本人が他人の目を気にするのは、日本は島国でムラ社会なので異質は排除され、人と同じであることが重視されたからです。

人と同じだと言われることで反抗心を持たないのは、集合意識で生きているという要素が強いのです。

欧米人は、個人意識のほうが集合意識よりも強く、日本人は集合意識が個人意識よりも強い。欧米人は個人意識がハッピーだったらハッピーです。日本人は集合意識、周りが自分をとらえる意識がハッピーだったらハッピーという方程式が、エネルギーのDNAにも刻み込まれているので、人からいつもあの人はいい人だ、常識人だと思われていないと不安でしようがないのです。

欧米人は、個人意識のほうが集合意識より強い。日本人は集合意識が個人意識より強い。これは両方とももったいないのです。

まず、欧米人の集合意識が弱いということは、マイナスの要素があります。集合意識の応援が得られないのです。だから、個人意識で突っ張っても実現しにくいという要素があるわけです。

逆に、日本人の場合は、集合意識に応援される要素は強いのですが、個人が選ぶ能力は低い。大事なのはバランスです。東洋と西洋のお互いが学び合うことが必要です。

ただ、欧米人も日本人も常識と固定観念だらけだから、そこで私の本を日本語でも、英語でも、中国語でも読んで、本質を知った上で、その両方の認識を入れたら完璧になります。

原理を知った上で、集合意識と個人意識のバランスをとればいいのです。

私がアメリカに留学したとき、私は医者でしたから、ある程度のプライドを持って行ったのですが、授業の英語を聞きとることができませんでした。みんながジョークで笑っても、私だけ笑えない。アメリカ人は、私が1人つまらなそうにしていても、あまり気にしないのです。

日本人だと、この人は外国人だからジョークがわからなくてつらいのではないかとフォローするのですが、アメリカ人はそういったことを一切気にしないので、毎日落ち込んで本当につらい日が続きました。アメリカは、調和よりも「個人が喜ぶ社会」だということがよくわかりました。

また、アメリカでは、アパートを契約するにしても、DMVといってクルマの運転免許を取りに行くお役所にしても、お役人のほうが立場が強いのです。日本人の場合は公務員でもたいてい愛想がいいし、ましてやお客さんには下手《したて》に出るものですが、アメリカでは常に上から目線で、自分たちの決められた仕事はこれだけだから、必要以上はやりませんという態度なのです。

また、日本人は、自分のカテゴリーから出ても人を助けようとしますが、アメリカ人は自分の給料をもらえる範囲しかやらないので、非常に合理的ではあるのですが、冷たいなと思いました。

そういった意味で言うと、調和という部分では日本人が強いのですが、逆を言うと、人の目ばかり気にするという要素があるので、両方の融合が必要です。

どちらがいい悪いではなくて、自分の世界を持って、人のことを感じられるようになると一番いいのではないかと思います。

\ point /

◆集合意識は人類のコントロールに利用されてきた。

◆罪悪感を持って謝ると、エネルギーを一気に落とす。

◆パラレル選択力は、集合意識が個人意識より優る。

◆集合意識が応援したら、簡単にパラレルを選べるようになる。

第6章

# 多次元パラレル自分宇宙に移ったことがわかるヒント

## 周りの対応が違ってきたら、多次元パラレルに入った証拠です

最後に、大事なことを述べておきます。

これまで本書で説明してきたことを実践すると、皆さんは、ワープすると自分の人生が急に変わると思っていませんか。松果体ポータルに入って完全に振動数が変わった世界にパッと入ると、全く楽になり、成功していて、周りも称賛してくれる世界になると思うでしょう。

高次元シリウスや、アルクトゥルス、プレアデスなど、高い次元の世界においてはそのとおりです。ポータルに入ったらすべてが一瞬で変わります。例えば、地上の楽園にいたのに、急に海の中の楽園に変わってしまったというぐらい、高次元の社会では変化を感じられます。

でも、地球社会はエネルギーが重いのです。重力が強い。だから変化するまでに時間

がかかるのです。これは大事な点です。

例えば、「私はスターになりたい、アイドルになりたい」と思っていても、「こんな容姿では無理」「能力がない」と諦めていた人が、この本を読んで目覚めて、自分が設定すれば夢はかなうというゆるい目標を置いて、「これでいいんだ」と生きているとします。

すると、あるとき、急に自分をサポートする人が現れたり、自分が必要とする情報がのっているポスターをふと見たり、**思いがけないことが急に展開します。これは、すでにある瞬間にポータルが開いて、ゼロ秒でパラレル変換しているのです。**

高次元の世界に生きている生命体だったら、パラレル変換したのがすぐわかるので「私は変わったな、スターになれるな」と自覚するのですが、地球はエネルギーが重いので徐々に変わっていきます。

周りが「あなたってよく見たらかわいいわね」と言い出したり、「あなたって意外なところでスター性があるじゃない。結構いけるんじゃない」と言われたり、自信を持つことばかり起こるようになってきて、とんとん拍子で何かに出てみないかと誘われたりして、気がついたらスターになっているのです。

これが**地球における多次元パラレル自分宇宙の変換の実際です。**

会社に勤めながら、漫画家になりたい、でも、自分には能力がない、もしくは安定した収入を捨てるのは不安だと諦めている人がいるとします。

でも、どうしても諦められない、こんな生活は嫌だと、いつももがいて苦しんでいた人が私の本を読んで、何かちょっと変われるんじゃないかなと思ったら、もう変わり始めています。

そして、自分の振動数が上がって宇宙のサポートが入ってくると、あるとき、ポーンとポータルに入るときがあるのです。

でも、残念ながら、地球人の世界ではポータルに入って、自分が移り変わったことがわからないことが多いのです。

ただし、絶対にわからないかというと、そうではありません。あるとき急に、自分は行ける気がする、何かキテルと感じたら、それはポータルに入ったのですが、周りも本人もわからないことが多いのです。

地球は、それぐらいエネルギーが絡んでいて重いからです。

時間の軸と空間の枠が強いので、もしパラレルに入ってパーンと変わってしまったら、周りも本人もパニックになってしまいます。

急激な移行になれていないから、**地球は変化を徐々に見せるという世界なのです。**

あるとき、画家とか漫画家になるパラレル自分宇宙に入ったとします。しかし、入っても、いきなり最初から大成功はしないのです。パラレル自分宇宙に入ると、画家になっていると思いがちですが、それはシリウスなどの高次元の世界に限ったことです。

でも、それまでと何となく違うのは、今まで無理だと思っていたのに「自分はいける！」と思い始めるのです。それは、自分宇宙のシャボン玉が変わっているからです。

すると、あなたを応援したり、褒《ほ》める人がふえてきて、社会もその流れになり、いつの間にか画家になっているというのが変換の仕方です。

何度も説明したのは、それを知っていないと、この本を読んでも、「自分は何も変わらない」と思ってしまうからです。

「もう変わっているんだよ」という小さな変化を知らないとダメです。**周りの対応や空気が違ってきたら、多次元パラレル宇宙に完全に移った証拠です。**ただ、自分が感じられるところまで行っていないだけなのです。

成功するシャボン玉に入ったら、嫌なことがあっても前ほど落ち込むことはなくなります。でも、地球社会にいる限り、多少の浮き沈みはあります。沈んだときに、いい流れが来ているのに、自分から捨ててしまう人がけっこういるのはもったいないことです。だから、大事なのは、**自分をとり巻く環境がいい感触になったら、遠慮せずに流れに乗ることです。**ちゅうちょせずに乗っかりましょう。

皆さんは、せっかくパラレル自分宇宙に入ったときに、乗ればいいのに乗らないで、もとに戻ってしまってチャンスを逃しているのです。

新しいパラレル自分宇宙に入ったり出たりして、定着しない人は、実現しません。

## 「飛び抜けることができる」と知っていることが大事です

新しいパラレル自分宇宙に入ってシャボン玉に乗り移っても、自分はゴールするためにコンテストに応募して、徐々に階段を上がっていかないとダメだと思っていると、しくじったときに「やっぱりダメだった」ということになります。

そうではなくて、実際は、いきなりポーンと行きます。無名だったのに、次の日には超有名になるパラレル宇宙の中にいます。**最初は変わらなくても、タイミングが来たらポーンと変化するのです。プロセスの世界ではありません。**

もしあなたがゴールを持っていたとしても、「飛び抜けることができる」と知っていることが大事です。それがいまかもしれないし、あしたかもしれないし、1年後かもしれない。必ずゾーンに入るので、あとはゆったり構えて生きていたらいいのです。

大事なのは、**空気が変わったな、自分のシャボン玉が変わったなと感じることです。それがパラレル自分宇宙に移ったということです。**この感覚は、簡単には感じられません。

いい出会いがあったり、周りが変わったり、気づかせてくれることはふえますが、いままで地球では、「そんなにいいことばかりあるはずないでしょう」と親に怒られたのを思い出して、「いいことばっかりあるわけないか。うぬぼれたらダメだな」と、自分で消してしまうのです。本当は、思いっきりうぬぼれたらいいのです。

いままでの地球の常識と固定観念で、「我慢しなさい。うぬぼれるな。望みどおりいくわけがない」と教えられてきたから、なかなか空気が捉えられないのです。

ゆるんで望む自分を置いて、何が起こっても全部完璧だとシナリオを受け入れて、変わった瞬間に空気を感じる。うぬぼれる。こういう流れです。

## 瞬間にワープするテクニック

ジョゼフ・マーフィーが唱える「潜在意識を活性化しろ」というメッセージが、この数十年で日本にも広まってきました。

しかし、私は、**「潜在意識を捨てろ」**と、ついに逆のことを言い出しました。

これは私の新しいワールドであって、これからの霊性社会で大事なことです。

「顕在意識を捨てましょう」というのは皆さんにもわかりやすいと思いますが、地球にいる限り、潜在意識はどうしても捨てられません。脳がある限り意識がガチガチになっていますから、**潜在意識を極力休める、眠らせるということが大切です。**

頑張って、努力して、諦めずにステップを踏んでいってゴールに行くというのが、地球社会の集合意識がつくり上げた潜在意識です。

そこには、私が言う「急にポータルが開いて、あなたの世界が全部変わります」という世界はどこにもありません。

潜在意識が「ちゃんとステップを踏んで、真面目に1つずつやってゴールまで行く。それしか方法はないのだ。楽にのほほんとゆるんで目標を持って、全部適当にやっていて、夢がかなえられるわけないだろう」と言って、邪魔をしているのですから、潜在意識を持っていたら絶対に行けません。

そこで、私、ドクタードルフィンは、「潜在意識を眠らせろ」と世に発信するわけです。

いままでの発達段階では、「頑張ったら報《むく》われる」という教えでよかったのですが、人類はいよいよ超進化段階に入りますから、いままでの教えではダメです。

潜在意識を眠らせるには、何も考えない脳ポイの状態で、いまここに自分がいるから完璧だ、自分以外には何もなくて、自分は自分のシャボン玉宇宙を自由に旅をすることができることを受け入れます。

シャボン玉だけに自由自在に浮いて、遊んでいる自分です。ほかのシャボン玉はいっぱい見えるけれども、自分のシャボン玉だけにして、絡んでいるものは全部ポイしてしまう。

意識上で自分だけにして、「このままでいいんだ。自分は愛がいっぱいで、大丈夫で、完璧だ」と浮かんでいるのです。それが**瞬間にワープするテクニック**です。

## なりきった自分を社会に発信する

私は、昔からバシャールを尊敬しています。自分の著書で「バシャールを斬る」とか偉そうに書いていますが、育てられた恩があるから、逆に愛で斬っているのです。

バシャールは、人が変わるためには、「まず固定観念を捨てて、なりきって行動することが大事だ」と言っています。そのとおりです。

彼は高次元の生命体なので、地球の規格外の情報を持ってきてくれます。

バシャールの言う常識と固定観念は、潜在意識という観点には触れていません。

「顕在意識の常識と固定観念を捨てろ」と言っていますが、社会の通念という潜在意識を捨てろとまでは言っていません。私はその「潜在意識まで捨てろ」と言います。


私が一番言いたいのは、「最後はなりきれ」ということです。

**自分がなりたい姿になったと思って、なりきって行動してほしいということなのです。**

バシャールは、社長になりたかったら社長の椅子を用意しろ、足を組んで座るようにしろ、「○○したまえ」と言葉遣いも変えろ、ひげを生やせ、いい服を着ろと言います。

これはたとえです。


それと同じで、**なりきった自分を「社会に発信すること」が大事なのです。**

つまり、ゆるんで望む自分を置いて、起こることは善悪関係なくすべて受け入れて、ある瞬間に松果体のポータルからパラレル自分宇宙に移動した後に、何となく空気感が違うことを受け取ったら、自分がこうなると設定した漫画家だったら漫画家のような帽子をかぶって、絵を描いて、いままでは恥ずかしくて見せなかったけれども、「うまいだろう」と人に見せる。そうするとパラレルが変わっているので、「上手だね」と言われるようになってきます。

自分が漫画家になりきって、漫画家らしく行動するのです。

画家になりたいなら画家になりきって、画家だったらこのように行動するだろうということを社会にどんどん見せつけます。そうすると、周りはその人を画家として受け入れる準備ができているので、やればやるほど盛り上げてくれるのです。

パラレルが変換するまでは、そんなことをすれば「あいつはアホか」と言われて、ショックを受けるでしょうが、パラレルが変わった後なので、なりきってやれば気持ちがよいはずです。

多少波があるので、人から「変だ」と言われても、変と言われることが自分の学びだと受け入れて、うぬぼれて、さらにやればいいのです。**何を言われても振動数を下げな**

いのがテクニック、ワザです。

## 一瞬のゼロ秒を操る

私の診療は、患者の松果体DNAに高次元DNAコードを入れます。アトランティスやシリウス、レムリアなどのコードです。レムリアは癒しのコードで、癒しが必要な人に入れます。

アトランティスは力強いのでパワーのコードです。

穏やかさがない人にはツキヨミのMOONコードを入れるなど、いろいろあります。

そのときに、エネルギーはゼロ秒で変わります。

私が患者の頭の上の空中の操作や遠隔操作で、高次元DNAコードを入れていると、あるとき、時空間がポーンと動くのがわかります。動画を撮ると時空間が動くのですが、それが私にはしょっちゅう起こるのです。高次元DNAコードを入れているときに、震える感じがします。

時空間がゼロ秒で揺れるのです。

それは次元が変わって、私と患者のパラレル宇宙が同時に入れ変わったからです。これを「連れていく」といいます。ドクターと患者が、2人一緒にパラレル宇宙に入った瞬間です。

そうすると、患者の症状が急に変わったり、感情が急に変わったりします。

1秒前と1秒後では、私たちは違うシャボン玉宇宙にいます。だから、ゼロ秒が勝負なのです。

変わるのはゼロ秒だから、ある瞬間に、時空間がボーンと変わります。その瞬間、震えるような感じとか、ビジョンが動いたり、色がバッと変わったりします。

私が高次元DNA操作をしなくても、皆さんが自分自身で高次元DNAを組み入れる知識と情報、そしてその方法を、この本と同時期に発売される『高次元DNAコード』（ヒカルランド）という本で紹介しています。このテクニックは、間違いなく、この本の多次元パラレル自分宇宙への変換を強くサポートするでしょう。

私は次元が変わるときに、時空のブレを感じます。紫や黄色い光がパッと出たりします。時空間を操っていると非常におもしろい体験をします。

ゼロ秒でシャボン玉宇宙は完全に乗り移るから、それを認識したまま、**自分は一瞬前とは違う自分だという感覚で生きていくのが大事です。**

**そのゼロ秒を感じられる人間になると、最高の実力を持つようになり、パラレル変換の能力がすごく高くなります。**

こうやったら時空間を変われるんだという感触を一回でも感じると、高い次元に自分を変化させやすくなります。

ゼロ秒の変換の感触を磨くために何をやったらいいのか。

何もやらなくていいのです。

ボーッとして心地よい気分になって、自分は行けるとちらっと思った途端に、何か空気が変わったり、においが変わったり、色が変わったり、相手の態度が変わったりする感じを愉しんで、ちょっと遊んでみたらどうでしょうか。

## 徐々に変わる世界を観察する

ゼロ秒でゾーンにパーンと入ってしまうと、違うシャボン玉に移って事象が変わります。例えば、安倍首相でない人が総理であるとか、日本サッカーが世界1位になる、アメリカがロシアと同盟を結ぶなど、世界がいっきに変わります。

そこは集合意識も変わっていくので、観察するとおもしろいのです。

自分の関係する人間の行動を観察してもいいし、社会のいろんなトピックや、野球チームの勝敗の行方や、世の中の流れが変わったり、自分の周りの出来事が変わります。

地球は急にパンと変われませんが、必ず変化が出てきます。

それを観察する喜び、愉しみを持つと、人生をエンジョイできます。

\ point /

◆地球はエネルギーが重いので、徐々に変化を見せる世界。

◆周りの対応や空気が違ってきたら、多次元パラレル自分宇宙に完全に移った証拠。

◆自分は「飛び抜けることができる」と知っていることが大事。いつか必ずゾーンに入る。

◆潜在意識を極力休める、眠らせることが大切。

◆なりきった自分を「社会に発信」しよう。

あとがき

# あっ、そういうことだったのか！

自分は、常識や固定観念に縛られた、相当窮屈な、真実でない世界に生きていたということに気づくことが大事です。

視界が開けて、あっ、そういうことだったのか！　自分で人生をつくれるんだ、他人は関係ないんだ、人が影響することはないんだ、集合意識はもちろん関係することはあるけれども、味方につけてしまえばいいんだと、いろいろな見方が変わってきます。

悪いこともいいこともない。ゆるんだ自分の望む姿を置いておいて、善悪をすべて受け入れて、ある瞬間に変わったことを自分で感じたなら、あとは自分がなりきる。

人が何を言おうが、どう反応しようが、それでいいんだとヘンタイになって生きれば、いつの間にか望む自分になっています。

望む自分になるために知っておかなければならない大事なことは、「なろうとしたらなれない」ということです。「なろう」と思うことは、「なっていない自分」がずっと続くことですから、永久になれません。

いままでは、なろうとする本ばかりだったので、あなたも変われなかったのです。

自分はなると決めて、なるタイミングはいつかわからないけれども、いずれなるから、それまでの自分を愉しもうと泳がせておくだけで、いつの間にか「望む自分になる」ということです。

泳がせておくというのは、こっちから波が来たら、波に任せて揺られてあっちに行く、あっちから波が来たら、波に任せてこっちに行くということです。

この波がいいか悪いかは判断せずに、そのままでいいという感覚です。

なかなかできないことですが、大事なことです。

8 ishi　ドクタードルフィン
松久　正

∞ ishi ドクタードルフィン　松久 正（まつひさ　ただし）

鎌倉ドクタードルフィン診療所院長。日本整形外科学会認定整形外科専門医。日本医師会認定健康スポーツ医。米国公認ドクターオブカイロプラクティック。慶應義塾大学医学部卒業、米国パーマーカイロプラクティック大学卒業。地球社会と地球人類の封印を解き覚醒させる使命を持つ。自身で開発した DNA ビッグバンという超高次元 DNA 手術（松果体 DNA リニューアル）やセルフワークにより、人生と身体のシナリオを修正・書き換え、もがかずに楽で愉しい「お喜びさま」「ぷあぷあ」新地球人を創造する。高次元シリウスのサポートで完成された超次元・超時空間松果体覚醒医学∞ IGAKU の診療には、全国各地・海外からの新規患者予約が数年待ち。世界初の超時空間遠隔医学・診療を世に発信する。セミナー、ツアー、スクール（学園、塾）開催、ラジオ、ブログ、メルマガ、動画で活躍中。

動画映像からスペシャル高次元 DNA コードをコードインする会員制のプレミアムサロン「ドクタードルフィン Diamond 倶楽部」は、常時、公式 HP にて、入会受付中。

公式 HP のオフィシャルショップでは、ドクタードルフィンのエネルギーを注入したスペシャルパワーグッズを販売。

著書は、『高次元 DNA コード』『シリウスがもう止まらない』『ドクター・ドルフィンのシリウス超医学』『水晶（珪素）化する地球人の秘密』（ともにヒカルランド）、『松果体革命』『松果体革命パワーブック』『Dr. ドルフィンの地球人革命』（ともにナチュラルスピリット）、『ワクワクからぷあぷあへ』（ライトワーカー）『これでいいのだ！　ヘンタイでいいのだ！』（VOICE）『からまった心と体のほどきかた』（PHP 研究所）『あなたの宇宙人バイブレーションが覚醒します！』（徳間書店）など、話題作を次々と発表。また、『「首の後ろを押す」と病気が治る』は健康本ベストセラーとなっており、『「首の後ろを押す」と病気が勝手に治りだす』（ともにマキノ出版）はその最新版。今後もさらに、続々と多数の新刊本を出版予定で、世界で今、もっとも時代の波に乗るドクターである。

ドクタードルフィン公式サイト
http://drdolphin.jp/

※無料の公式メールマガジンにも登録いただけます。

お問い合わせ：DRD エンタテイメント合同会社
TEL：0467-55-5441
E-MAIL：office@drdolphin.jp

# 多次元パラレル自分宇宙
## 望む自分になれるんだ!

第1刷　2018年12月31日

著　者　松久正
発行者　平野健一
発行所　株式会社徳間書店
〒141-8202　東京都品川区上大崎3-1-1
目黒セントラルスクエア
電　話　編集(03)5403-4344／販売(048)451-5960
振　替　00140-0-44392
本文印刷　本郷印刷(株)
カバー印刷　真生印刷(株)
製本所　東京美術紙工協業組合


ISBN978-4-19-864739-1